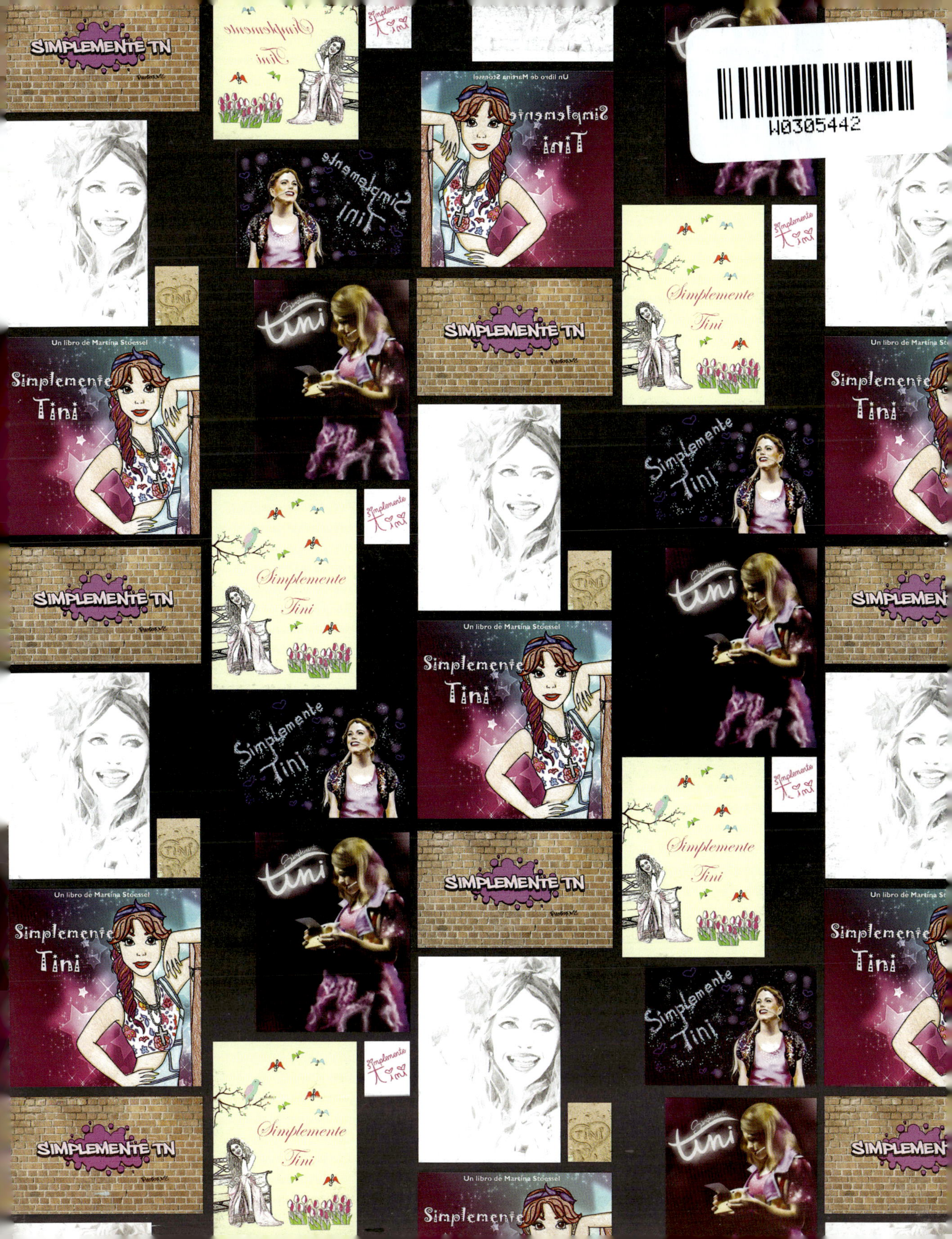
Un libro de Martina Stoessel
Simplemente Tini
SIMPLEMENTE TN
tini

Semplicemente Tini

Martina
Stoessel

Vi racconto
la storia
della mia vita

SALANI EDITORE

Titolo dell'originale:
SIMPLEMENTE TINI
Traduzione di Andrea Carlo Cappi
ISBN 978-88-6715-975-8

Fotografia di copertina: Alejandra López
Fotografie dopo l'indice: Martín Lucesole
Fotografie degli interni: Martín Lucesole/ Archivio personale della famiglia Stoessel /Martín Darío Ponczyk per Disney (pagine 83, 85, 87-88, 103, 105, 125, 134, 137, 161).
Tw: @martinponczyk FB: Pocho Ph

I progetti delle immagini nei risguardi appartengono a: Francesca Palla, Yasmine Saustier, Gleydison Mateus Fernandes Sousa, Jessica Boga, Justyna Dobrowolska, Regina Tarasova, Veronika Denisova e Salim Guriv.

Prima edizione: settembre 2014
Prima ristampa: ottobre 2014

Per essere informato sulle novità
del Gruppo editoriale Mauri Spagnol visita:
www.illibraio.it

ADRIANO SALANI EDITORE
Da 150 anni più felici con un libro

Gruppo editoriale Mauri Spagnol
Milano

www.salani.it

È tanto che avevo voglia di scrivere il mio libro e condividere con voi ciò che provo e ciò che penso.

Cercherò di raccontarvi cosa mi è successo in questi anni, da quando sognavo di essere una cantante famosa, mentre andavo e tornavo da scuola, mi dedicavo alle mie attività, vedevo i miei amici, fino a quando ogni cosa cominciò a cambiare il giorno in cui Violetta entrò nella mia vita.

Da allora ha avuto inizio la mia carriera come attrice e cantante ed è stato tutto un flash incredibile: viaggi, note, show in giro per il mondo, studi televisivi e l'affetto della gente. Posso dire senza ombra di dubbio che qualcuno con una bacchetta magica ha realizzato il mio sogno di salire su un palcoscenico e dare il meglio di me.

Amo Violetta con tutto il cuore, perché lei è il ponte tra me e ciò che **ho sempre voluto fare: cantare, ballare e recitare**. Ma, quando mi strucco, sono semplicemente una ragazza qualunque che si è trovata in una situazione eccezionale, una ragazza che soffre e sorride per le stesse cose per cui soffrono e sorridono le sue coetanee. Una ragazza che vive la sua vita in modo normale, che si arrabbia e si diverte, un'attrice che deve imparare lunghi copioni ed esercitarsi per molte ore a cantare e ballare, per andare in scena ed essere all'altezza.

Questo è il mio libro. Qui troverete tutto di me. Ho fatto del mio meglio per **aprire il mio cuore** e mostrarmi così come sono:

semplicemente
Tini

ALL U
TNi

CAPITOLO 1

Semplicemente Tini ♡

Come la maggior parte di noi, della mia nascita so quanto mi hanno raccontato mamma e papà: che sono venuta al mondo in quello che nel mio Paese è il primo giorno di autunno del 1997, il 21 marzo, alle 19.30, presso la clinica Suizo Argentina. Pesavo due chili e settecento grammi. Dicono che ero così piccolina che a mia madre, Mariana, sembrava che il nome Martina fosse troppo grande per me, così pensò di abbreviarlo in Tini, lo stesso soprannome con cui tutti mi chiamano adesso.

Ma non sono sempre stata Tini o Martina. Pare che, quando ero nella sua pancia, la mamma volesse chiamarmi Sofia, ma il medico che fece l'ecografia le disse che c'erano molte bambine con quel nome. Allora lei cambiò idea e pensò a Olivia. Quello è il nome che figura sull'ecografia, che la mamma conserva ancora come ricordo. Ma a mio papà, Alejandro, piaceva di più Martina, e fu quello il nome che mi diedero alla fine.

Mi piace chiamarmi Martina. Soprattutto da quando i miei genitori mi hanno spiegato cosa vuol dire. **Ecco qui, guardate!**

Così sono io (stando al significato del mio nome)

'La sua natura emotiva si manifesta nell'espressione artistica e nell'umore. Ama il colore e le proporzioni, e ha un animo allegro. Le piace sentirsi seguita e si adatta a tutto. È creativa, costante, ferma e molto determinata. Questa caratteristica si può apprezzare quando si propone di fare qualcosa.

Estroversa e attiva, si trova a suo agio quando è circondata dalla gente. Ha grandi capacità organizzative ed è una persona responsabile, qualità che la rendono idonea a svolgere incarichi importanti. Rispetta gli altri ed esige di essere trattata allo stesso modo. Tiene molto alla giustizia e ha alti ideali in proposito. Non le piacciono le bugie e scaccia dalla sua vita le persone che la ingannano.

Ama la dignità, la bellezza, ciò che cresce e diventa grande. Ha un talento naturale. Educa e rende ogni cosa più bella. Non tanto per il proprio bene, ma per quello degli altri'.

Il mio segreto

Vi racconto un segreto: la mamma dice sempre che da neonata ero un amore. Ero ipertranquilla e dormivo tantissimo. **Adesso sono uguale, dormo come un ghiro!** Mi dite: addormentati qui, subito, e io lo faccio. Non ho mai tenuto accanto una bambola o altro per addormentarmi. Ma, questo sì, prima di andare a letto avevo bisogno del mio biberon.

Ecco una parte divertente della mia vita.

Fino a sette anni, ogni volta che andavo a dormire da un'amica, dovevo avere con me un biberon, perché senza non riuscivo ad addormentarmi. Ovviamente mi vergognavo un po', ma non potevo evitarlo. **Lo tenevo nello zainetto e me lo portavo dappertutto**, anche a lezione di ginnastica artistica. Me lo ricordo ancora: blu con disegnini e cappuccio. Credo che fosse sempre lo stesso. Per me era il massimo.

Il papà e mio fratello Francisco mi facevano impazzire. Mi mostrava-

no la tazza e dicevano: «Mmh, che buono il latte nella tazza!» ma non mi convincevano. Io non mi staccavo dal biberon, non ci riuscivo. Finché un giorno, misteriosamente, papà lo fece sparire.

Abbandonai il biberon, ma per dormire **mi sono succhiata il pollice** fino a dodici anni. Di male in peggio. Non imitatemi, ragazze!

Alla mamma dissero che mi sarei rovinata i denti e deformata il palato e lei mi metteva uno smalto disgustoso sulle unghie perché mi passasse la voglia. Alla fine ce la fecero: smisi. Non ho mai usato il succhiotto, quello no.

Molta gente criticava la mamma perché mi ha lasciato usare il biberon fino ai sette anni e poi mi ha permesso di succhiarmi il pollice, ma lei, saggia, ripeteva sempre: «Avete mai visto una quindicenne che beve dal biberon o si succhia il pollice? Prima o poi la pianta!»

un ghiro! Mi dite: addormentati qui, subito, e io lo faccio.

Tini X Mamma Mariana

Dal biberon alla tavola

Martina era ***una neonata supertranquilla***: dormiva per ore, non piangeva troppo e se ne stava nella culla senza lamentarsi. Dovevo svegliarla per poterla allattare, fosse stato per lei avrebbe dormito tutta la notte. Non ebbe problemi neanche quando cominciò a mangiare, le andava sempre bene tutto.

Non è cambiata: le piace il cibo saporito, specie se sono pietanze fatte in casa. Certo, ha le sue ***manie***. Detesta avere il piatto pieno, mangia davvero lentamente ed è sempre l'ultima a finire. I suoi cibi preferiti sono la cotoletta alla milanese con le patate fritte e il mio tiramisù come dessert.

E poi le piacciono i dolci. Vive masticando chewing gum e non le manca mai il cioccolato nella borsa.

CELL 1
1A

Primi passi

Ho cominciato ad andare all'asilo Kids Sports quando avevo due anni. All'epoca abitavamo in un appartamento a Buenos Aires. Di quel primo passo nel mondo della scuola non conservo nessun ricordo speciale, anche se c'è qualche foto. Sembra che la prima cosa che abbia fatto sia stato travestirmi.

I miei ricordi scolastici cominciano a quattro anni, quando arrivai alla scuola dell'infanzia del San Marcos. Quello fu l'asilo che scelsero per me i miei genitori quando ci trasferimmo a San Isidro, ed è stato lì che ho conosciuto le mie attuali migliori amiche.

Era fantastico! Una cosa **incredibile**. Passavo il tempo a giocare e travestirmi. Mi divertivo tantissimo! Però ero molto timida con i maschietti. **Non avevo un fidanzatino, anzi, sarebbe passato molto tempo prima che ne avessi uno.** Le mie amiche ce l'avevano e c'era sempre una ragazza che piaceva a tutti, ma in quel momento non ero io la prescelta. **Ah, ah!**

«Mi fai un autografo?»

Non ho idea di quanti autografi abbia fatto da quando interpreto Violetta. Migliaia e migliaia. Ma questo non mi impedisce di ricordare che da bambina *passavo ore a esercitarmi* scrivendo: «Con affetto, Tini». Mi allenavo negli autografi che avrei fatto in caso fossi diventata famosa.

Io e la scuola

All'asilo mi sono divertita tanto, alle elementari e alle medie no. La scuola non era la cosa che mi piaceva di più. Ero studiosa, ma per quanto mi sforzassi non me la cavavo benissimo. Le cose più difficili per me erano la comprensione dei testi e la matematica. Ero la più piccola del mio gruppo e si notava. **Sembrava che tardassi a maturare.** Ma mi davo da fare lo stesso. A fine anno mi promuovevano sempre per l'impegno. Certo, mi rendevo conto che la scuola per me era una gran fatica.

Avevo amiche superintelligenti che sognavano di fare carriera, ma io non avevo passione per la matematica o per la lettura. Secondo i miei, dovevo ancora sviluppare le mie capacità. Ed è vero, perché una volta mi sarebbe stato impossibile studiare a memoria una lezione, mentre **oggi mi danno un copione, lo leggo una volta e l'ho già imparato.** Oppure ascolto un brano alla radio e riesco a cantarlo all'istante. Mi capita con le cose che mi piacciono!

A scuola ero un po' ribelle. Sentivo (come tutti i ragazzi) che i professori volevano esercitare il loro potere su di noi e, quando qualcosa non mi andava, avevo bisogno di dire la mia. Certe volte mi castigavano, mi mandavano in direzione, di solito perché mi mettevo a ridere per qualsiasi cosa, non mi trattenevo. Però ero educata e parlavo con rispetto.

In ogni caso, avevo un carattere forte. La mamma dice che il nostro gruppo aveva sempre una 'cattiva condotta'. Tutte così: facevamo confusione, è vero.

Il peggio che abbiamo fatto, o che ho fatto io, è stato mettere la plastilina sulla sedia di un'insegnante: la poveretta dev'essersene accorta quando è tornata a casa e si è tolta i pantaloni.

Però, ragazze, **queste cose non sono da fare.** Il mio era solo uno scherzo, ma NON si fa.

A scuola erano molto severi, ci obbligavano a tenere i capelli raccolti e a portare l'uniforme lunga fino al ginocchio e i calzettoni. A me piaceva tenere i capelli sciolti.

Non è cambiato niente

Anche se mi considero una persona tranquilla, a partire dai quattro anni sono diventata iperattiva, cosa che si notava soprattutto a scuola. Recitavo sempre. A dire il vero mi piaceva molto attirare l'attenzione. O forse mi veniva naturale. Ma ero un personaggio. Nelle cerimonie la scuola era molto formale: l'inno, i genitori, le autorità e la bandiera... mentre io volevo cantare e ballare!

Cosa facevo? Andavo dalla direttrice, chiedevo di parlarle e le proponevo le cose più strane.

Una volta le domandai se, alla fine di una cerimonia in onore di San Martín, mi avrebbe lasciato rappresentare una coreografia di *Il mondo di Patty*. Lei mi diede il permesso, sapendo che mi avrebbe fatto felicissima.

Preparai la coreografia, mi occupai dei costumi e tutto il resto. Quando finì la cerimonia, annunciarono: «Martina Stoessel e le sue amiche della VI B ballano *Il mondo di Patty*». Fu uno sballo!

Per le rappresentazioni della scuola quelle della nostra età non venivano mai scelte per fare le dame antiche, ma semmai per fare le venditrici ambulanti. Mi toccava sporcarmi la faccia con un tappo di sughero bruciato. Io invece volevo esibirmi, mettere un bell'abito, truccarmi. Tant'è che una volta siamo andate a chiedere agli organizzatori della cerimonia che ci lasciassero fare le dame antiche e loro ci hanno accontentato. Non potete immaginare che vestito ho indossato e come mi sono truccata. D'accordo, ho esagerato con il make-up, ma ero contentissima!

Quante più cose mi chiedevano a scuola, tanto più

volevo ribellarmi. Però mi sono rimasti bei ricordi.

PINK
PINK
KEEP CALM
AND
EAT A CUPCAKE

KEEP CALM
AND

Tini X Mamma Mariana

Nel suo mondo

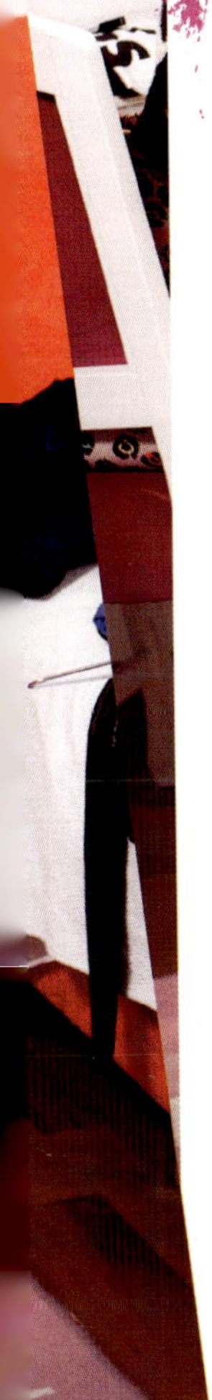

Tini era una bambina molto divertente. Non ti potevi annoiare con lei. Ballava per tutta la casa, mi rubava i vestiti, i cosmetici, le scarpe e passava ore davanti allo specchio, inventando personaggi o imitando cantanti.

Non le sono mai piaciute le bambole né i giocattoli classici. Si inventava un mondo tutto suo: era una cassiera, una maestra, una truccatrice.

Ha sempre attirato l'attenzione con le sue capacità artistiche. Ovunque andasse, **voleva cantare, ballare o recitare.**

Ricordo una festa nazionale al San Marcos, dove lei era travestita da venditrice ambulante e d'un tratto, nel giro di due minuti, lei e le sue amiche hanno iniziato a ballare una coreografia di *Il mondo di Patty*. Alla fine dello show, ecco Tini che salutava come una **diva** dello spettacolo! Gli altri genitori morivano dal ridere e non capivano niente, io non sapevo dove nascondermi. A lei piaceva andare a scuola per stare con le sue compagne, per giocare. Anche se non se la cavava benissimo, si impegnava molto e alla fine si faceva promuovere.

Quello che le piaceva di più era il mezzogiorno a scuola. Io le portavo il cibo appena cucinato e lei pranzava felice con le ragazze.

Davanti allo specchio

Quando tornavo dal San Marcos, mi toglievo l'uniforme, mi truccavo per bene e rubavo i vestiti e le **scarpe con il tacco** alla mamma. La facevo impazzire, poverina. Trascorrevo ore davanti allo specchio, parlando con i miei amici immaginari e cantando.

Sembra che queste fossero le mie preferenze quando ero piccola: giocare a recitare e cantare. Però mi divertivo anche quando giocavo all'ufficio con le mie amiche: facevamo le segretarie che firmavano e timbravano carte. Ci passavamo le ore, così. All'epoca non pensavo che sarei finita a firmare autografi!

Ma era chiaro che le bambole non mi piacevano, anche se papà mi regalava le Barbie con la casa, la macchina e tutto il resto. Ma io niente, neanche le guardavo.

La mia amica Caro ha diversi video di quando eravamo piccole, li abbiamo rivisti a casa sua poco tempo fa. In uno ballavamo *Lollipop*, una canzone di Mika, e si capiva chiaramente che ero un personaggio incredibile.

Mi divertivo anche a imitare gli artisti, in particolare Shakira. E poi tutti quelli che ascoltava la mamma: Luis Miguel, Ricky Martin. Non

ricordo neanche più. **Facevo smorfie continuamente.**

Ma la mia vera ossessione era Brenda Asnicar di *Il mondo di Patty*. Il suo personaggio, Antonella, sollevava sempre il sopracciglio destro. E io stavo ore allo specchio cercando di copiarla, finché un giorno ci sono riuscita. Ero felice!

Oggi mi capita di riguardare le foto dei miei show e non me ne piace nessuna, perché in tutte ho qualche espressione strana. Non riesco a evitare di gesticolare troppo.

In ogni caso ricordo che, quando studiavo con Hugo Curcumelis, a sette anni, durante un saggio **guardavo tutto il tempo** le compagne che avevo di fianco. Allora, in un momento in cui ero scesa dal palcoscenico, mia nonna Luisa mi si avvicinò e mi disse: «Quando sei in scena non devi guardare le altre, devi guardare te stessa o davanti. Trasmetti quello che vuoi o che puoi, ma non ti vergognare».

Le sue parole le ho fatte mie e da quel giorno cerco sempre di essere me stessa.

La bambina sperduta

Il mio insegnante di danza era Hugo Curcumelis. Ammiravo moltissimo il suo modo di ballare. Un giorno Hugo mi disse che voleva preparare una rappresentazione di *Peter Pan*. Io lo implorai, lo supplicai che mi desse una parte. Insistetti tanto che alla fine mi propose di fare il personaggio di una bambina sperduta.

Avevo nove anni ed esibirmi al teatro della scuola Marín di San Isidro fu una delle migliori esperienze della mia vita. Ero così felice ed entusiasta che per fare promozione andavo al centro commerciale della zona a distribuire volantini. Dicevo a tutti: «Non vi potete perdere questo spettacolo. Venite sabato, *ci sono anch'io!*»

Oltre ad andare a scuola, studiai per tre anni musical, canto, ballo, hip hop e ginnastica artistica.

Nel 2011 la mamma e una sua amica, l'attrice Ximena Fassi, decisero di aprire la Star Factory, una scuola di musical, e naturalmente *fui la prima a iscriversi*. Ci andavo con le mie amiche tutti i mercoledì e giovedì e fu lì che presi gran parte delle mie lezioni di recitazione e danza.

La prima volta che sono comparsa in tv è stato a *Videomatch*. Sì! Quella sera era ospite la mia madrina, la modella Carmen Yazalde, che disse che la figlia del produttore Alejandro Stoessel, ossia io, era sua figlioccia. E così sono apparsa sullo schermo. Avevo solo due anni! L'ho visto quando le ragazze l'hanno postato su Twitter.

Valori propri

Tini X
Papà
Alejandro

Tini è stata sempre molto esigente con se stessa. **Si sforzava al massimo** perché tutto le riuscisse bene, anche se in qualche occasione il risultato non era quello che si aspettava. A volte non prendeva buoni voti in matematica, fisica o chimica, malgrado avesse studiato tantissimo.

Ricordo che quando andava male a scuola veniva a sfogarsi da noi (spesso anche in lacrime) perché aveva studiato, ma aveva preso un brutto voto. In quei momenti per noi era molto difficile spiegarle che non tutti siamo venuti al mondo per essere bravi nelle scienze e che il valore di una persona non si misura solo con un esame di matematica; che non doveva preoccuparsi, perché aveva molte doti. Per esempio, quella di **trasmettere sentimenti** con la sua arte, cantando, ballando e recitando.

Aveva molte doti. Per esempio, quella di trasmettere sentimenti con la sua arte, cantando, ballando e recitando.

♡ Patty nel mio cuore

Anche se l'esperienza di Peter Pan a teatro mi aveva entusiasmato, il mio sogno era di arrivare un giorno a recitare in tv. Mi piacevano le serie *Hannah Montana* e *I maghi di Waverly*, ma quella che adoravo con tutto il cuore era **Il mondo di Patty**. Ero una fan accanita! Non mi poteva mancare neanche una figurina dell'album e nemmeno le scarpe che usava Antonella. Adoravo il suo look e cercavo di imitarlo.

Papà era il produttore della serie e gli chiedevo sempre per favore – lo imploravo – che mi portasse alle riprese e che mi assegnasse il ruolo di **sorellina di Antonella**, ma niente da fare. Né lui né la mamma volevano che lavorassi in televisione così giovane e mi legassi a quel mezzo di comunicazione. Finché un giorno, non so cosa accadde, riuscii a convincerlo. Solo per fare un *bolo*, come chiamano le particine in tv.

E così debuttai a dieci anni con un personaggio minore, che si chiamava come me, Martina. Partecipai solo tre volte, a fianco di Matías Alé. Nella serie lavorava il fratello della mia amica Caro, Andrés 'Pepi' Gil, che oggi è tanto famoso in Italia.

Ho splendidi ricordi di quell'esperienza. È stata la prima volta che ho recitato come attrice in tv e per giunta in un programma che adoravo.

Tini X
Papà
Alejandro

Divine e Popolari

Fin da piccola Martina mi chiedeva di recitare e la sua insistenza fu tale che le permisi di fare qualche breve comparsa ne *Il mondo di Patty*, che in quel periodo era **il suo programma preferito**. Inoltre, l'idea delle Divine e delle Popolari era nata quando lei mi aveva raccontato che a scuola c'era un gruppo di ragazze che si facevano chiamare le 'Super chita girls', perché erano le più belle e di maggior successo. Senza dubbio il tempo ha dimostrato a Tini che non bisogna mai rassegnarsi né smettere di sognare. È solo questione di **trovare la strada giusta** e seguirla fino in fondo.

Senza dubbio il tempo ha dimostrato a Tini che non
È solo questione di trovare la strada giusta e seguirla

Papà riuniva me e le mie amiche (cosa che continua a fare anche oggi) e ci raccontava storie. Conosco sempre prima le storie che vuole scrivere e realizzare. E mi fa sempre vedere i suoi trailer. Con *Il mondo di Patty* è stato così e quando il programma andò in onda fu straordinario.

bisogna mai rassegnarsi né smettere di sognare.
fino in fondo.

Hola Susana

Quando ero piccola, mio papà era il regista di *Hola Susana*, il programma televisivo di Susana Giménez. Un giorno organizzò una festa a cui partecipò una produttrice del programma, che mi chiese: «Cosa vuoi fare da grande?» E io risposi: «Voglio essere come Susana».

Tempo fa sono andata al programma di Susana, dove sono stata intervistata e ho cantato, e le ho potuto raccontare questo aneddoto, che le ha fatto molto piacere.

ALL U
TNI

CAPITOLO 2

Uniti dall'amore ♡

La mia famiglia è la cosa più importante che ho, il mio sostegno. Quando sto male, sono i primi a starmi vicino e a darmi ascolto. È sempre stato così.

Ci sono due cose che a tutti e quattro piacciono molto: l'*asado* che prepara mio papà la domenica e i viaggi. Adesso viaggiamo di più per il mio lavoro, prima lo facevamo solo per piacere. Siamo superuniti e amiamo stare insieme.

Quando Fran e io eravamo piccoli, andavamo in vacanza a Mar del Plata. Poi abbiamo preferito Cariló, perché i nostri amici passavano l'estate a Pinamar. I miei, se potevano, affittavano una casa con tanti letti e allora io invitavo due o tre amiche e Fran i suoi amici. Ogni tanto venivano i nonni. Era molto bello.

La mia casa è sempre stata luogo di riunione per la famiglia e per gli amici miei e di Francisco. Restavano a dormire, facevamo i pigiama party, guardavamo film e giocavamo. Succede ancora oggi: vengono tutti a casa nostra.

Da ragazzini, Natale e Capodanno erano un periodo di **raduno famigliare**. Ci trovavamo a casa mia con i nonni, gli zii e i miei cugini Iván, Alan e Julián, e ci divertivamo molto.

Poi siamo cresciuti e abbiamo perso alcuni dei nostri cari, come mia nonna paterna e mia zia, e tutto è stato meno allegro. Credo che sia successo quello che capita a qualsiasi famiglia. In ogni caso, stiamo benissimo tra noi: i nonni, papà, mamma e Fran. Pochi intimi, come piace a me.

→ Siamo superuniti e amiamo stare insieme. Pochi intimi, come piace a me.

Con la mamma vado d'accordissimo.

Le voglio bene dal profondo del cuore. Con lei ho un rapporto incredibile. Le racconto sempre tutto e a volte mi sorprendo che molte mie amiche non abbiano un rapporto così sincero con le loro madri. Oggi penso che forse è perché lei ci ha dedicato tutta la sua vita.

Francisco e io siamo legatissimi alla mamma. Lei ha fatto di tutto per la sua famiglia e ancora si preoccupa per noi.

E poi la sento mia amica. Abbiamo molta confidenza e ci troviamo d'accordo su quasi tutto. Ma, questo sì, quando la pensiamo in modo diverso ci scontriamo, perché la mamma ha una personalità davvero forte. È una di quelle donne che se le stai antipatica NON TI SALUTA! Ha tre amiche, perché le ha scelte lei e sono per tutta la vita.

Ci ha cresciuti con queste idee, insegnandoci a tenere vicine le persone che ci vogliono bene, a stare insieme loro e punto. E gli altri... possono restare dove sono.

Da quando sono piccola, io e la mamma andiamo insieme al centro commerciale, a pranzo, dal parrucchiere, a passeggio. Siamo tanto amiche. Facciamo tutto insieme. È chiaro che in questo periodo, come succede anche alle mie amiche, ho voglia di rendermi indipendente e fare cose per conto mio: è tipico di questo momento della vita.

Adesso, per esempio, sto prendendo lezioni di guida con un istruttore. Però la mamma non mi lascia andare da sola con lui e mi fa accompagnare dal papà, perché ha paura che abbia un incidente o mi capiti qualcosa. Si preoccupa tanto!

In ogni caso, so che mia mamma c'è sempre. Quando ero piccola, mi metteva in riga con piccole punizioni; per esempio non mi lasciava vedere la tv. Quando, più grande, non studiavo, le limitazioni erano legate alla scuola. Se andavo male in qualche materia, non potevo uscire per tutto il fine-settimana: da casa a scuola, perché per mamma e papà lo studio non era un argomento su cui si potesse negoziare. Mi hanno sempre detto: «Hai tutto. L'unica cosa che devi fare in questo momento della tua vita è studiare... e allora studia». Però in questo, poverini, non li abbiamo accontentati, né Fran né io. Gli abbiamo dato molto da fare.

L'unico motivo per cui mi capita di litigare con la mamma è perché sono molto disordinata, ma nient'altro. Non abbiamo un rapporto conflittuale. Non ho mai smesso di parlarle o cose del genere.

Siamo così unite che l'anno scorso ci siamo fatte tatuare tutt'e due su un polso il titolo di una canzone dei Beatles: All you need is love ('Tutto quel che ti serve è amore'). È una frase che ci unisce da sempre e a me è capitato di usarla come simbolo del nostro affetto. Per me è questo che dice il tatuaggio: non dimenticare mai che tutto quello di cui ho bisogno è l'amore. E poi i Beatles mi affascinano, questa canzone in particolare. Perciò l'ho proposta alla mamma, a lei l'idea è piaciuta, e così siamo andate all'American Tattoo, dove Marian ci ha fatto i tatuaggi. Sono venuti benissimo! Be', suppongo che li abbiate visti, perché ho messo le foto su Twitter.

Se dovessi definire la mia mamma, direi che è una gran donna e un'amica su cui puoi sempre contare.

Per la mano

Tini X Mamma Mariana

Quando Tini e Fran erano piccoli, non lavoravo e mi dedicavo esclusivamente a loro. Il papà li portava a scuola e io andavo a mezzogiorno a portargli il pranzo. Poi li andavo a prendere per accompagnarli alle loro varie attività; Fran faceva calcio e tennis, e Martina di tutto: ginnastica artistica, ballo, canto... e io correvo di qua e di là.

Da quando Martina è famosa, come mamma *mi prendo cura di lei più che mai: la proteggo, veglio su di lei.* Soprattutto non mi stanco di prestarle attenzione, cercare di capirla, dirle quando qualcosa non va bene. Anche ora che sta diventando grande e indipendente, le pongo dei limiti. Di continuo. Alejandro fa più fatica, ma quando io dico no a qualcosa, non si torna indietro. Lo faccio senza esitazioni e convinta che sia meglio per lei.

A parte questo, io e Martina siamo molto amiche e ci divertiamo insieme: facciamo acquisti, perché lei vuole la mia opinione sul suo look, e quando viaggiamo per il suo lavoro cerchiamo di vedere posti nuovi, farci foto, mangiare bene... Ma la cosa migliore sono le chiacchierate prima di addormentarci. Parliamo di tutto: per me quelli sono momenti unici.

C'è una cosa che non cambierei per nulla al mondo: quando camminiamo per la strada, lei mi prende sempre per mano e intreccia le dita con le mie. Per me è una sensazione molto speciale. *Amo camminare stringendo la sua mano nella mia.*

«Io e Tini abbiamo un carattere simile, anche se lei tende a tenere le cose per sé e a elaborarle con più calma, mentre io esplodo. Mia figlia mi ha insegnato a non farmi troppi problemi per questioni che non lo meritano».
Mariana, mamma di Tini

Mio papà, la mia guida

Io voglio bene a papà. Come descriverlo? È una delle persone migliori che conosco al mondo. È buono! Buono davvero! Non c'è ombra di cattiveria in lui ed è molto **intelligente**. Se non trovo la risposta a qualcosa, su qualunque argomento, la chiedo a lui. Se non so cosa fare, lui c'è. Ho bisogno che mi guidi e per questo do ascolto ai suoi consigli. Il suo scopo è fornirmi gli strumenti perché dopo io possa prendere da sola le mie decisioni. Ha molta esperienza in tutto, non parliamo a livello professionale! Si prende cura di ciascuno di noi in ogni momento... **papà è il massimo!**

Anche se, insieme alla mamma, è il mio agente, i nostri rapporti restano uguali a quando non lo era.

È il mio papà e non smetto mai di vederlo così. Io non intervengo nelle questioni di lavoro, non vado alle riunioni e non mi occupo di queste cose. Né loro me ne parlano più di tanto. Risolvono tutto papà e mamma, tra loro.

Se mi devono consultare su qualcosa, lo fanno e io do la mia opinione. Ma non a proposito di soldi o contratti. Le decisioni finali riguardano piuttosto se me la sento o meno di fare qualcosa. Nient'altro. Il resto lo sistemano loro.

Non discutiamo mai di lavoro. A casa parliamo delle cose di cui si parla in tutte le famiglie. In ogni caso, non mi viene in mente nessun altro che potrebbe gestire la mia carriera. **Lui è il migliore!!!**

Cosa c'è di meglio dei tuoi genitori che gestiscono il lavoro? **Mi fido di loro come di nessuno.**

Spesso qualcuno mi guarda e mormora: «Quella sta lì perché è la figlia del produttore». Ma ho imparato che parlare è gratis e parlare male è più facile che parlare bene, per cui mi entra da un orecchio e mi esce dall'altro. So già chi sono e tutto quello che ho fatto per ottenere ciò che ho.

Siamo una famiglia

Martina ha sempre avuto una forte inclinazione per l'arte. Da quando si è scoperta in uno specchio, non ha mai smesso di giocare con la propria immagine, truccarsi, indossare parrucche, cantare e recitare. E non solo giocava con il suo aspetto, ma catturava chiunque le capitasse a tiro per truccarlo. Il suo modello preferito era nonno Guillermo, che intrappolava per non meno di un'ora nella sua cameretta, tormentandolo con la **matita per le labbra**. Era molto divertente vedere come usciva da quelle lunghe sessioni.

Era anche appassionata di ballo: si chiudeva per ore con le sue amiche a preparare coreografie, alle quali poi dovevo assistere, con mia moglie, nel teatrino improvvisato della sua cameretta. E devo dire, a onor del vero, che le riuscivano bene.

Ricordo le recite scolastiche a cui partecipava Tini a sei anni,

unita dall’amore

Tini X Papà Alejandro

brillando come una stella. Non riuscivo a smettere di guardarla. Ovvio, sono suo padre, chi altri avrei potuto guardare? Ma la cosa sorprendente era che al termine della rappresentazione si avvicinavano tanti altri padri e madri che salutandoci dicevano: «Sono venuto a vedere mia figlia e non sono riuscito a staccare gli occhi da Martina. Complimenti».

Quando lavoriamo, non mi sento l’agente di Martina. Lei è mia figlia e questo rapporto non si è mai alterato. Mariana e io ci preoccupiamo di indirizzarla e consigliarla, mettendo in primo piano la sua salute fisica, psichica e intellettuale. Siamo una famiglia unita dall’amore.

Mariana è una grande mamma che si è sempre occupata di Martina e Francisco e non ha ancora smesso di farlo. Io sono il papà di Tini e Fran e sarò sempre al loro fianco per fornire loro il meglio che un padre possa dare ai propri figli: affetto e sostegno.

Il re Francisco ha avuto la sua regina

Come già sapete, ho un fratello che si chiama Francisco e ha un anno e mezzo più di me. Prima che arrivassi io in famiglia, era lui il centro dell'attenzione, l'unico, il re. La mamma racconta che **Fran era un terremoto**. Dovevano stargli tutti dietro, perché correva, toccava ogni cosa, era molto irrequieto. Quando arrivai io, non poté fare altro che condividere il suo trono. Però tra noi non c'è mai stata gelosia. Il legame tra fratello e sorella è sempre stato forte.

E quando dico legame, intendo anche litigi: c'è stato un periodo, fra i dieci e i tredici anni, in cui ci si ammazzava a vicenda, ma questo non impediva che fossimo sempre uniti, anche quando ci prendevamo a botte!

È che, essendoci poca differenza di età, abbiamo sempre avuto molti amici in comune. Oltretutto adesso usciamo insieme di frequente.

Da piccoli, Fran e io ne combinavamo di tutti i colori. Mi ricordo che nella casa di San Martín avevamo un orto in cui la mamma aveva piantato peperoncini rossi, verdi e gialli. Noi le chiedevamo sempre di assaggiarne uno, ma lei diceva di no, perché erano troppo piccanti. Un giorno Fran e io ne abbiamo strappato uno, gli abbiamo dato un morso e **ci siamo sentiti andare a fuoco la bocca!!!** Siamo corsi a tuffarci in piscina e abbiamo cominciato a bere acqua senza fermarci. Credo che siamo rimasti traumatizzati: da allora non abbiamo più mangiato peperoncini!

Per me **Francisco è una specie di angelo**, è una persona con un che di 'diverso'. Non perché faccia qualcosa di particolare. Lui è tutto speciale. È puro, sensibile e non nasconde niente. Dà tutto per me e la sua famiglia, dà la vita per le persone che ama. Mi è fedelissimo e tra noi c'è molta confidenza. Questo è il tipo di rapporto che abbiamo oggi.

Da piccola mi sembrava immaturo – come succede alla maggior parte delle femmine con i maschi – ma ora mi sembra cresciuto, lo vedo molto responsabile. Sta frequentando l'università per studiare Comunicazione sociale ed è un appassionato di musica. Gli piace uscire con gli amici e per il momento non ha una fidanzata.

Con me è gelosissimo e iperprotettivo. **Ha sempre spaventato i miei fidanzati**. Non sapete cos'ha combinato quando a quattordici anni ne avevo uno che era suo amico!!! Non mi ha rivolto la parola per un mese! Io non sono gelosa e mi fa piacere che abbiamo amici in comune, ma lui l'aveva presa malissimo ed era così arrabbiato che neanche mi salutava.

In una cosa ci somigliamo: nessuno dei due è cattivo. Non ci viene naturale! Stentiamo a credere che ci sia gente così. E siamo entrambi disordinati e distratti. Abbiamo il telefono in mano e cominciamo a gridare: «Dov'è il telefono???» Cose del genere succedono a entrambi. **E diventiamo tutt'uno con la musica**. È una cosa che ci unisce molto. **Voglio molto bene** a mio fratello.

Tini X Fran

Se lei è felice, lo sono anch'io

Quando eravamo bambini, passavamo ore in piscina, giocavamo a pallone e a nascondino, guardavamo la tv oppure facevamo il karaoke. Quando uscivamo, andavamo alle giostre e al cinema. Viaggiavamo dappertutto e ci divertivamo molto insieme.

Tini era una brava bambina, **si comportava molto bene**. Quello tremendo ero io: davo sempre la colpa a lei per quello che combinavo. Anche se qualche marachella l'abbiamo fatta insieme, tipo cambiare canale alla nonna con il telecomando dalla mia camera o mettere il dentifricio nelle serrature delle porte di casa. E non dimenticherò mai quella volta che abbiamo nascosto un ragno finto sotto il cuscino della mamma. Quella è stata la migliore!

Da piccoli non andavamo d'accordo, ci accapigliavamo spesso, tra le altre cose perché Martina non mi prestava mai i suoi giocattoli. **Ma poi facevamo subito la pace**. Come la maggior parte dei fratelli, andavamo insieme a scuola ed era bello averla lì vicino.

Più di una volta l'ho dovuta difendere, perché mia sorella si metteva a cantare e ballare negli intervalli e le mie compagne la prendevano in giro. Credo che un po' la invidiassero. Per qualche tempo sono stato gelosissimo, non sopportavo di vederla con nessuno, ma un po' alla volta l'ho superato. Adesso, se lei è felice, lo sono anch'io.

Adoro come canta e vado sempre ai suoi recital. **Tini è carismatica** e il bello di lei è la felicità che trasmette facendo il suo lavoro.

Anche se adesso ho cominciato l'università (Comunicazione sociale), faccio un corso per diventare dj e vorrei scrivere delle canzoni per lei, perché se penso al futuro di Tini, trovo che abbia un potenziale incredibile.

La cosa più importante è che c'è ogni volta che hai bisogno di lei. **Mi fa sempre piacere averla al mio fianco.**

Fran è molto diverso da me. Da bravo Scorpione (è nato il 3 novembre 1995) è gelosissimo, io no. Forse un pochino, ma non tanto. Ha più carattere di me e, se qualcuno gli sta antipatico, glielo dice in faccia, cosa che considero più una virtù che un difetto.

Nonna, andiamo a giocare?

Mia nonna Maria Luisa, la mamma della mamma, ha vissuto in casa con noi fino a poco tempo fa ed è stata sempre con me. Mi conosce come nessuno. È come una seconda mamma.

Mi ricordo che, quando ero piccola, **la truccavo di continuo**, le facevo di tutto. Cosa c'è di più piacevole che giocare con la nonna?

Mio fratello e io ci divertivamo molto con lei, anche se le rendevamo la vita impossibile. Prendevamo il telecomando del televisore in cucina, uguale a quello che aveva lei nella sua stanza, e le cambiavamo i canali o le spegnevamo la tv. E lei gridava: «Alejandro, è andata via di nuovo la luce!»

Con la nonna giocavo per ore alla parrucchiera: dalle cinque alle otto di sera. Io avevo otto anni ed ero la parrucchiera, le mettevo lo smalto, la depilavo, la truccavo, le tagliavo i capelli, **le facevo il colore**! Me lo chiedeva lei e io ero **contentissima**. Avevo anche il registratore di cassa e quando finivo lei pagava (per finta) e io le davo il resto.

Anche il nonno faceva da cavia per i miei esperimenti cosmetici: usavo la matita per gli occhi e per le labbra... **Alla fine ci ritrovavamo tutti e due con le facce dipinte!**

Loro sono i nonni con cui ho avuto più a che fare, perché la mamma di mio papà è morta e il nonno paterno vive a Córdoba e non lo vedo spesso.

Quando io e le mie amiche giocavamo a inventare coreografie – cosa che amo fare ancora adesso – chiamavamo mia nonna perché ci desse i voti e io le chiedevo sempre: «Nonna, dammi il voto più alto». Che tremenda!

Mio nonno Guillermo lo chiamo nonno Pica da quando avevo due anni. Ho cominciato a chiamarlo così perché quando mi dava i baci mi pungeva, mi *picaba*, con la barba. Glielo ripetevo sempre, tanto che ormai tutta la famiglia fa lo stesso. È il nonno Pica. Io quasi non mi ricordo che il suo nome è Guillermo.

Mia nonna Beba, la mamma di mio papà, avrà sempre un posto nel mio cuore. È la luce che guida me e la mia famiglia, il nostro angelo custode. Ti voglio bene, nonna Beba.

ALL U
TiNi

CAPITOLO 3

Le mie amiche di sempre

Fra travestimenti, marachelle e canzoni,

mi sono lasciata un po' per volta l'infanzia alle spalle, diventando adolescente. Come sempre, c'era la mia famiglia e le mie amiche di sempre del San Marcos: **Belu, Chloé, Clara e Caro.**

Io e le mie migliori amiche ci divertiamo sempre tantissimo quando stiamo tutte insieme. Fra i tredici e i quattordici anni andavamo alle feste del SIC (San Isidro Club) e del CASI (Club Atlético San Isidro). Le feste cominciavano alle nove di sera e finivano a mezzanotte, ma prima di presentarci, ci trovavamo a casa di qualcuna di noi e **passavamo cinque ore** a pettinarci, truccarci e scegliere i vestiti. Credo che questa parte fosse più lunga e divertente della festa in sé.

Il papà di qualcuna ci portava a destinazione e un altro ci veniva a prendere, ma i genitori erano supertranquilli perché era un club ed era molto sicuro, non si correvano rischi.

Poi una dopo l'altra tutte **compimmo quindici anni** e decidemmo di festeggiare la ricorrenza con feste che duravano tutta la notte. In generale ci si ritrovava tra compagni di scuola e ci si divertiva un sacco.

Ma quando fu il mio turno, invece di una festa, preferii andare a Disneyland. Adoro Disney e scoppio di gioia nei parchi! Se mi danno la possibilità di viaggiare, per me non c'è programma migliore.

La prima volta è stata quando avevo dieci anni: fu una sorpresa dei miei per mio fratello e me. Quando ne ho compiuti quindici ho scelto di tornarci con mamma, papà e Fran ed è stato fantastico.

Mi ci diverto come se avessi quattro anni. Vado matta per le montagne russe, i parchi acquatici e i personaggi.

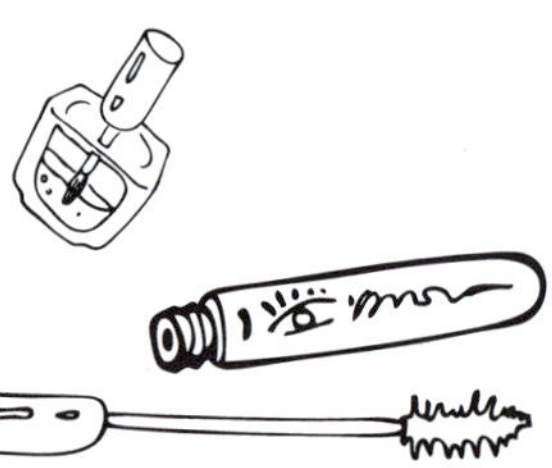

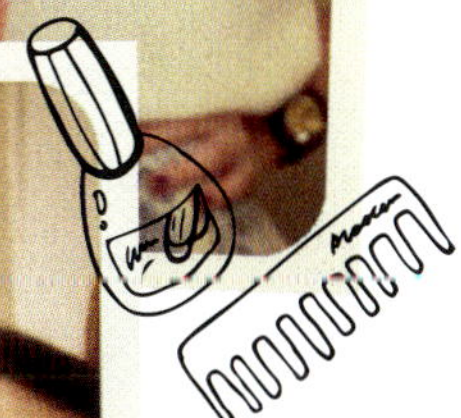

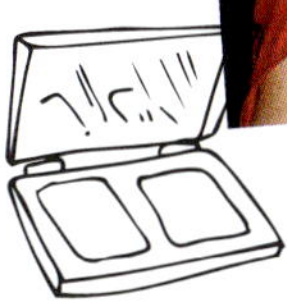

A quell'epoca, prima di lavorare in televisione, ero in contatto con molta gente. Amiche delle feste, compagne di scuola... ero piena di conoscenze. Ma da quando ho imboccato questa nuova strada mi sono allontanata da molti e parecchie di quelle persone si sono allontanate a loro volta. Ho capito quali erano le **amiche per tutta la vita...**

Siamo quelle di sempre, quelle del San Marcos, quelle con cui andrò a Cancún in viaggio dopo gli esami.

Tra noi non c'è invidia. Se parliamo della mia fama e del mio lavoro, moriamo dal ridere. Non discutiamo quasi mai, ma se capita che ci arrabbiamo per qualche sciocchezza, ci resto male e facciamo subito la pace.

La mia sorellina dell'anima

Tini x Clara

Conosco Tini da dodici anni. So tutti i suoi segreti, anche quelli che non vuole raccontare, perché parla nel sonno. Davvero, parla anche mentre dorme! Ai pigiama party il divertimento della serata era restare sveglie finché Tini non si addormentava, per sentire le storie che raccontava nel sonno.

A scuola facevamo sempre un gioco: ci mettevamo in cerchio e a turno andavamo al centro a cantare, e dopo facevamo la critica a quella che si era esibita. A quei tempi, come tutte le bambine, eravamo cattivelle – e qualcuna, poverina, ci soffriva – ma a tutte piaceva cantare.

A quattordici anni ogni venerdì andavamo alle feste del club SIC. Non dimenticherò mai quel periodo! Dopo il ballo mi fermavo a dormire a casa di Tini. Al nostro ritorno restavamo fino a tardi su un divano scomodissimo, ma non so perché a noi sembrava divertente. Alla fine ci addormentavamo lì sopra, il che voleva dire che nel mezzo della notte ci ritrovavamo sul pavimento.

Siamo cresciute insieme e abbiamo condiviso un sacco di cose. Sognavamo di diventare cantanti, di abitare in centro. Abbiamo la stessa età, ma nessuno mi ha mai dato tanti consigli come lei.

Non saprei come descriverlo né spiegarlo, però Tini è la mia migliore amica. Una migliore amica non si sceglie, è così e basta. Lei lo sarà per sempre.

Tini è speciale perché ha qualcosa che hanno in pochi: lo sguardo deciso di chi sa cosa vuole e lo ottiene; una sincerità che a volte fa male ma che hai bisogno di stare a sentire. Una persona che sa sorridere e ridere con te, come anche spronarti e dirti di tutto quando serve.

Una volta stavamo chiacchierando e lei, in un discorso lunghissimo, buttò lì una frase che non scorderò mai: «Scegli sempre di essere felice».

È la mia amichetta piccola e ribelle, la mia sorellina dell'anima, una persona insostituibile nella mia vita. La sento mia amica perché, semplicemente, è lei.

«È la mia amichetta piccola e ribelle, la mia sorellina dell'anima, una persona insostituibile nella mia vita. La sento mia amica perché, semplicemente, è lei».

Inseparabili

Tini x Chloé

L'ho conosciuta a quattro anni, al San Marcos, e da allora siamo amiche inseparabili.

A scuola ci divertivamo a inventare coreografie negli intervalli e quelle più grandi ci odiavano. Ballavamo anche a casa sua e facevamo vedere a tutti i *nostri spettacolini.* Realizzavamo video copiando le pubblicità, ci travestivamo e, ovviamente, era lei a truccare me.

Al San Marcos la conoscevano tutti e le insegnanti le volevano molto bene. Una volta ci siamo messe a ridere durante una lezione e *la maestra ci ha mandate in direzione.* Tini ha continuato a sghignazzare anche davanti alla direttrice. Non riusciva a smettere! Siamo finite tutte e tre – c'era anche Clara – in *castigo:* siamo dovute stare davanti alla vicedirettrice fino alla fine dell'ora, e solo dopo siamo potute tornare in classe.

Io e Tini uscivamo insieme, andavamo alle feste degli amici o semplicemente ci trovavamo per chiacchierare. Come amica è unica, sa dare ottimi consigli e so che se vado a chiederle aiuto lei farà il possibile perché io mi senta meglio. *È onesta, sincera e, soprattutto, affidabile:* tutto quello che le racconto lo tiene per sé, non lo dice a nessuno. E poi *non ti giudica mai.*

Adesso lei è famosa, ma continuiamo a essere le amiche di sempre. Ci vediamo a casa mia o sua, mangiamo insieme. Se lei è stanca, non usciamo e restiamo a guardare la tv e chiacchierare. Io evito di parlare del lavoro, per non infastidirla. A volte le propongo di uscire, di andare a una festa o vedere amici, così lei sente di continuare a fare parte del *nostro mondo* e che, indipendentemente dal fatto di essere famosa, avrà sempre qualcuno che la sostiene.

Le auguro di poter fare ciò che desidera veramente. Oggi è Violetta ma, se un giorno vuole metterla da parte, sa che io, le sue amiche e la sua famiglia saremo sempre con lei. Sono felice che sia mia amica e che abbiamo condiviso tanti anni insieme.

«È onesta, sincera e, soprattutto, affidabile: tutto quello che le racconto lo tiene per sé, non lo dice a nessuno. E poi non ti giudica mai».

Amicizia d'oro

Tini x Belu

Abbiamo cominciato insieme la scuola e da allora siamo amiche e condividiamo milioni di cose. Non solo ci vedevamo tutti i giorni, ma al pomeriggio ci trovavamo sempre a casa dell'una o dell'altra. Organizzavamo pigiama party, frequentavamo il corso di musical e spesso siamo andate in vacanza insieme, perché anche le nostre famiglie sono molto legate.

È un'amica su cui sai di poter contare. Anche quando è lontana, trova il modo di restare in contatto per sapere come stai, che cosa ti succede. Fa sempre parte della tua vita.

Ho sempre visto il suo lato artistico e non ho mai dubitato che si sarebbe dedicata allo spettacolo. Nella sua vita non faceva altro che cantare, ballare e recitare. A casa sua preparavamo coreografie e karaoke, recitavamo sempre quando giocavamo e ci dedicavamo persino a cercare video di artisti o di concorrenti dei *talent show.*

Diversi anni fa, un pomeriggio, eravamo a casa sua e giocavamo a truccarci quando mia mamma mi avvisò che stava per passare a prendermi. Tini insistette per continuare a truccarmi e io la lasciai fare. Alla fine mi ritrovai la faccia piena di brillantini, con delle bandiere dipinte sulle guance, e dovetti uscire in strada così. Mi guardavano tutti! Tini moriva dal ridere.

I fogli su cui prendevamo nota dei giochi che facevamo da piccoline li conservo in una scatola come un ricordo speciale.

Quando lei è qui ci vediamo spesso, perché abitiamo a quattro isolati di distanza e una delle due va a casa dell'altra. E, per stare più tempo insieme, ci invita ai suoi concerti e a qualche registrazione del programma. La prima volta che l'ho vista in uno spettacolo ero emozionatissima e sono scoppiata a piangere.

La nostra amicizia è d'oro, perché Tini c'è sempre e mi conosce come nessun altro. È una persona che sai che non potrai mai perdere e che ti sa dare consigli preziosi. Non potrei desiderare un'amica migliore, per tutto quello che è, per la luce che brilla in lei, per la sua fedeltà.

«Anche quando è lontana, trova il modo di restare in contatto per sapere come stai, che cosa ti succede. Fa sempre parte della tua vita».

Mi fido di lei più di chiunque altro

Tini x Caro

Conosco Tini da quando avevo quattro anni e lei entrò al San Marcos. Da allora non ci siamo mai separate. Con lei ho condiviso più cose che con qualsiasi altra mia amica. Praticamente vivevamo insieme: una sera lei veniva a dormire a casa mia e, quando ci alzavamo l'indomani, andavamo a casa sua, così tutti i giorni. Come amica è incredibile: le puoi raccontare qualsiasi problema e sai che lei sarà sempre sincera. Mi fido di lei più di chiunque altro.

Quando mi ha raccontato che sarebbe diventata protagonista di un programma, non mi sono affatto sorpresa, perché sapevo da tutta la vita che era a quello che si sarebbe dedicata. Ne sono stata felice, perché avrebbe cominciato a fare quello che aveva sempre sognato. Da quel momento, ovviamente, i nostri rapporti non potevano essere più gli stessi, perché non avremmo più potuto vederci ogni giorno. E poi, in quel periodo, io vivevo in un altro Paese.

In ogni caso, adesso la vedo tutte le volte che può e sto con lei il più possibile. L'ho vista in moltissimi dei suoi spettacoli e quando è in scena mi emoziono sempre.

Di tanto in tanto, quando si sente infastidita da tutta questa esposizione, cerco di farle dimenticare il mondo esterno, per poter ridere e divertirci insieme in quel momento. La cosa più interessante di avere un'amica famosa è che conosco tutto di quel mondo. Vivo e condivido con lei le emozioni.

Avrei migliaia di aneddoti, ma quello che ricordo di più è quando eravamo in prima media e ballavamo le nostre coreografie a casa sua, davanti a chiunque ci fosse, chiedendo di darci un punteggio. Ricordo anche la prima volta che mi ha messo l'eye-liner: bruciava e mi veniva da piangere, ma lei mi teneva l'occhio aperto per finire il lavoro. Questo e le ore interminabili passate a giocare alle segretarie, firmando fogli uno dopo l'altro, e molte altre cose che non dimenticherò mai.

A Tini auguro il meglio, che arrivi dove desidera, perché ha tutto il talento e la voglia di riuscire che le occorrono. La considero mia sorella dall'età di quattro anni e sarà sempre così, per quanto possiamo essere lontane.

«Come amica è incredibile: le puoi raccontare qualsiasi problema e sai che lei sarà sempre sincera. Mi fido di lei più di chiunque altro».

ALL U
TNI

CAPITOLO 4

Violetta

A parte andare a scuola e uscire con le amiche, la passione per il canto, il ballo e la recitazione, il desiderio di stare su un palcoscenico erano sempre latenti in me.

Un giorno, con mia sorpresa, papà mi fece una richiesta molto speciale. Aveva lasciato il suo lavoro di produttore alla Ideas del Sur e voleva proporre un progetto a Disney Channel. Era una storia che aveva scritto da un po' e che si intitolava **Dulce y Nea**. Gli sembrava una buona idea che io incidessi qualche canzone per accompagnarne la presentazione.

Mi ricordo che, quando me lo chiese, gli domandai: «Ma perché vuoi che incida **le canzoni**, se non mi lasci andare in tv e non le ascolterà nessuno?»

Inaspettatamente papà, che pur essendomi molto amico era sempre stato cauto su questo argomento, mi disse: «Guarda, Tini, quando si realizza un prodotto artistico si sa da dove si comincia, ma non dove si finisce. Fallo se te la senti e se ti piace sul serio, e io sono sicuro di sì. Canta, prova e impara come si incide una canzone».

«Quando si realizza un prodotto artistico si sa da dove si comincia, ma non dove si finisce. Fallo se te la senti e se ti piace sul serio, e io sono sicuro di sì». Un consiglio di quel genio di papà, scolpito per sempre nel mio cuore.

La mia occasione

E lo feci. Incisi le canzoni con alcuni cugini della mamma che avevano una band e una piccola sala di registrazione. All'inizio fu faticoso, perché era la prima volta che incidevo e avevo paura, non sapevo come fare. Ma poi mi rilassai e me la cavai bene.

Quando la demo fu pronta, mio padre incontrò gli incaricati della Disney con il suo progetto. Fece ascoltare loro le mie canzoni quasi alla fine della riunione, spiegando che erano il complemento necessario per dare colore alla storia. E, quando finirono di ascoltarle, gli chiesero della ragazza che cantava. **Ero io, sì!**

Il fatto era che alla Disney avevano in mente un programma che si doveva chiamare *Esperanza mía*. Avevano tutto pronto, ma gli mancava la protagonista. Era da un anno che cercavano la **ragazza ideale** per quel ruolo e non la trovavano. Dopo avere ascoltato le canzoni, dissero a mio padre che desideravano vedermi a un casting per scegliere la protagonista.

Per evitare che mi agitassi, i miei non mi dissero nulla fino al giorno prima della data. Solo allora la mamma mi chiese se volevo fare un provino per la Disney.

«Un casting per cosa?» Io non capivo nulla, ma ovviamente dissi di sì.

«Prima che Tini si presentasse al casting, con Mariana avevamo considerato la possibilità che fosse selezionata. Decidemmo che sarebbe andata al primo provino e che l'avremmo accompagnata e sostenuta qualunque fosse stato il risultato». **Alejandro**, papà di Tini

Il mio primo casting

Il giorno del casting ero molto nervosa.

Avevo compiuto da poco **quattordici anni, era la mia prima audizione** e, come se non bastasse, **per la Disney**! Sono sempre tesa la prima volta che faccio qualcosa, immaginatevi in quella situazione! Mi rendevo conto che, forse, ero lì lì per realizzare il mio sogno. Anche se **non avevo mai osato sognare così in grande.**

Mi ricordo quel giorno come se fosse ieri. Avevo indosso un paio di leggings blu e un paio di anfibi con le borchie. In quel periodo avevo i capelli lunghi e sciolti e portavo l'apparecchio ai denti. Quelli della Disney mi prestarono una camicia a quadri rosa, per provare il look del personaggio.

Mi avevano chiesto di presentare una canzone e una coreografia, che avevo preparato con la mia prof di hip hop, Marina Ahumada, e poi dovetti provare una scena di *Violetta*.

Mentre stavo seduta ad aspettare che mi chiamassero, c'era una ragazza bionda che stava facendo il provino. La sentii cantare e dissi alla mamma: «In confronto a lei, sono un disastro!»

Passò un bel po' di tempo prima che dicessero: «Martina Stoessel, avanti».

I produttori videro la mia faccia spaventata e mi chiesero se volevo entrare con la mamma. «Per favore, sì!» risposi.

Cantai *Lo que soy*, un brano di Demi Lovato con cui mi identifico molto, perché esprime quello che SONO IO. Il giorno prima l'avevo provata per ore con Lorena, la mia insegnante di canto, che mi era stata di grande aiuto.

Quando finii di cantare, aprii gli occhi, respirai a fondo e vidi tutte quelle persone che mi stavano valutando che sorridevano emozionate.

Mi voltai verso la mamma: stava piangendo. Non riuscii a evitare che uscisse qualche lacrima anche a me. Fu un momento molto intenso, carico di emozioni.

La coreografia di hip hop l'avevo provata da sola e avevo paura di scordarmi tutto. Era il mio primo casting (e l'unico che ho fatto finora) e i miei timori erano fondati. Alla fine della canzone dovevo mettermi a ballare e nel bel mezzo dell'esibizione ebbi un VUOTO TOTALE. Mi ero scordata tuuuuuttooo!!! Così decisi di improvvisare, mi rilassai e cominciai a divertirmi, inventando la coreografia come avevo sempre fatto a casa fin da piccola. Alla fine ne feci una diversa da quella che avevo programmato!!!

Si canta

Conosco Lorena Borgese, la mia insegnante di canto, da quando avevo undici anni. È una delle persone che mi hanno sempre incoraggiato, dicendomi che col tempo la mia occasione sarebbe arrivata.

È vero che cantare mi è sempre piaciuto, ma da lei ho imparato molto. Non la considero solo un'insegnante, ma **un'amica**. Mi dà buoni consigli e, anche se ora non riesco a seguire il ritmo delle lezioni a causa del lavoro e dei viaggi, quando rientro da un tour la prima cosa che faccio è mandarle un messaggio. E lei risponde: «Forza, diamoci da fare. Vieni». **È straordinaria.**

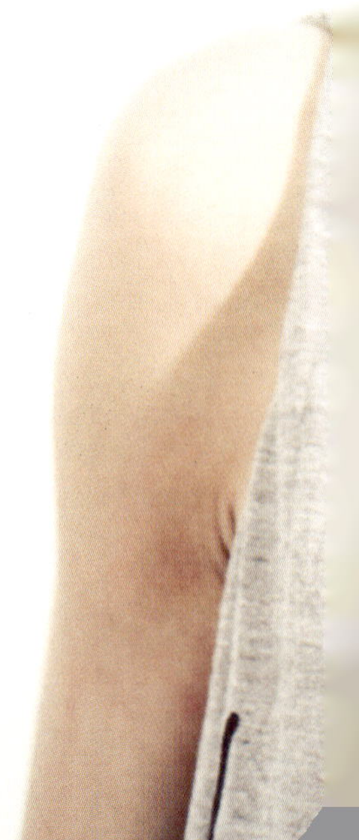

Tini x Papà Alejandro

Emozione pura

La voce di Tini mi ha sempre emozionato, per questo le chiesi di registrare qualche canzone per il progetto che stavo per presentare alla Disney. Sapevo che la sua sarebbe stata *una grande interpretazione*. Ma non mi sarei mai immaginato che dopo averla ascoltata la convocassero per il suo primo casting.

Non scorderò mai il giorno in cui mi chiamò Mariana per descrivermi il momento in cui Martina finì di cantare *Lo que soy* di Demi Lovato e si mise a piangere. Molte produttrici, insieme a mia moglie, si unirono a quel pianto che era insieme di *commozione e di profonda allegria*.

Ciò che Tini ama

Tini x Mamma Mariana

Dopo il primo casting fatto per la Disney, seppi che sarebbe stata selezionata per *Violetta*. Fu SCONVOLGENTE! La notizia mi rese molto felice, perché sapevo che mia figlia stava per realizzare il suo sogno. Certo, come mamma avevo molti dubbi, ero piena di paure all'idea che la mia bambina – che vedevo ancora tanto piccola – entrasse in un mondo così particolare come quello dello spettacolo. Ma l'ho capita e sostenuta, perché sapevo che il suo desiderio più grande era stare su un palcoscenico.

«Quando finii di cantare, aprii gli occhi, respirai a fondo e vidi tutte quelle persone che mi stavano valutando che sorridevano emozionate». **Tini**

La mia grande sorpresa

Dopo il casting, andai avanti con la mia solita vita, a scuola e con le mie amiche. Non mi aspettavo che mi chiamassero. Avevo l'apparecchio ai denti, i capelli lunghi... ero un'altra persona.

E poi sapevo che l'audizione doveva essere approvata dai responsabili della Disney europea, cosa che mi sembrava impossibile. Mi accontentavo di avere superato l'esperienza del casting.

Due mesi dopo ero a lezione di canto da Lore quando arrivarono i miei, dicendo che avevano una notizia da darmi. «Tini, sei stata selezionata. Diventerai la protagonista di un nuovo programma della Disney». Dopo quelle parole, non riuscii a sentire altro. Mi misi a piangere. Non capivo più niente. Sarei stata la protagonista di *Esperanza mía!*

Anche se quel titolo non vide mai la luce. Alla fine la serie si chiamò, come tutti sanno, Violetta.

Quando feci il casting, avevo i capelli lunghi fino alla vita. Mi dissero che per il look di Violetta me li sarei dovuti tagliare. Erano la cosa più preziosa che avessi, ma pensai: ‘Be’, pazienza’. Però, quando me li tagliarono, devo riconoscere che un po’ ci soffrii.

Lotta per i tuoi sogni

Tini X Papà Alejandro

Diego, uno dei produttori che assistettero al casting di Tini, mi ha raccontato che quando la vide arrivare allo studio domandò: «Chi è quella ragazza?» E un altro produttore gli rispose: «La figlia di Stoessel».

So che in quel momento pensò: 'Uhhh, ci tocca sopportare un'altra raccomandata!' Senza sapere che in realtà lei era lì su richiesta di chi aveva sentito la sua voce su un cd.

Ma Diego ha detto che, oltretutto, lei gli dava l'impressione di un pulcino bagnato, vedendola appollaiata com'era sulla sedia, quasi spaventata. Finché non venne il momento di andare in scena e, come per magia, si trasformò in una persona in grado di commuovere ed emozionare. Lei è così: un essere umano capace di salire su un palcoscenico e portarti nel luogo delle tue emozioni migliori, perché è un'artista che interpreta con l'anima e il cuore.

Diego se ne rese conto subito, tanto che la prima cosa che fece, dopo averla ascoltata ed essersi ripreso dalla sorpresa, fu scattarle una foto e mandarla a Londra, dicendo: «Credo che abbiamo trovato Violetta».

Quando mi chiamarono dalla Disney per comunicarmi che l'avevano scelta come protagonista provai una felicità immensa. Continuavo a pensare a che faccia avrebbe fatto Tini quando gliel'avessimo detto! Sapevo che quello era il sogno di mia figlia. Incredibilmente, la canzone che lei aveva cantato nel progetto che avevo presentato alla Disney si chiamava Lucha por tus sueños. Senza dubbio, Tini ha lottato per i suoi sogni ed è riuscita a realizzarli.

E la scuola?

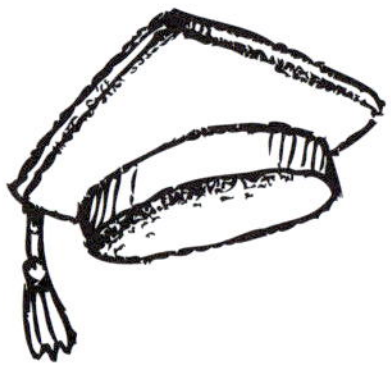

Verso la fine del 2011 seppi che ero stata selezionata per essere la protagonista di *Violetta*. Tutto ciò che accadde da quel momento **fu troppo rapido e intenso**. C'erano tante cose da sistemare.

Facevo il primo anno delle superiori al San Marcos e mancava poco più di un mese alla fine delle lezioni, ma cominciavano le registrazioni della serie e avrei iniziato inevitabilmente a fare assenze. E poi ci sarebbe stata la promozione di *Violetta*, e con i viaggi non avrei potuto frequentare con regolarità. Al San Marcos le lezioni sono in spagnolo al mattino e in inglese al pomeriggio, pertanto sarebbe stato molto difficile, quasi impossibile, passare tutte le materie a marzo, ammesso di riuscire a essere libera.

Allora la mamma andò a parlare con la preside per raccontarle la situazione e vedere cosa si poteva fare. La risposta fu che non poteva aiutarmi riguardo alle assenze e che, se decidevo di fare la serie, dovevo assumermi le mie responsabilità, perché così va il mondo.

Fu un momento difficile. Dovevo lasciare le mie compagne di sempre per **realizzare il sogno della mia vita**. Ma sapevo anche che, dopo tanti anni, l'amicizia che mi legava a loro era solida. E questa occasione era assolutamente unica. Perciò seguii **la mia vocazione**.

E la scuola? Quell'anno mi iscrissi al ciclo successivo al Martín y Omar, una scuola di San Isidro. La direzione e i docenti rassicurarono tanto me quanto la mia famiglia. Il preside disse alla mamma: «Soffriamo tutti i giorni per la mancanza di interessi dei ragazzi, che non sanno cosa fare della loro vita. Quando vediamo una ragazza che ha le idee chiare e vuole realizzare qualcosa di bello, lavorando per ottenerlo, perché non dovremmo aiutarla?»

Per fortuna (mia), Meme, una compagna del Southern Cross, dovette ripetere l'anno e venne anche lei con me al Martín y Omar. Così ci siamo tenute molta compagnia e abbiamo fatto nuove amicizie.

Una di queste è César, per esempio: un ragazzo a cui sono molto affezionata e che mi è stato vicino quando ne ho avuto bisogno.

Tuttavia, malgrado lo sforzo e il sostegno di tutti, alla fine non sono riuscita a essere un'alunna regolare, e abbiamo deciso che avrei studiato via Internet, presso una scuola che mi manda i compiti e dove posso recarmi dopo a fare gli esami. Ho lezioni personalizzate due volte alla settimana e posso passare cinque materie a metà anno e cinque a dicembre. È un nuovo metodo a distanza che usano giovani tennisti o attori in situazioni come la mia. È l'unico modo per poter completare le superiori.

«Quando vediamo una ragazza che ha le idee chiare e vuole realizzare qualcosa di bello, lavorando per ottenerlo, perché non dovremmo aiutarla?» Una frase del preside della scuola Martín y Omar (un altro genio, grazie!)

Il mio sogno fu color Violetta

Così come la scuola, nella mia vita stava per cambiare tutto. Volò via anche l'apparecchio per i denti che avevo portato per un po'. E persino i miei capelli si trasformarono!!!

La notte di fine d'anno del 2011 Disney Channel trasmise lo speciale *Celebratón*, dove debuttai cantando **Tu resplandor**, la versione spagnola di *The Glow* delle Principesse Disney. In quell'occasione fu dato l'annuncio della messa in onda di *Violetta* il 14 maggio 2012. Fu la mia prima vera apparizione televisiva. I miei genitori, la nonna e mio fratello erano tutti a casa ad aspettare le sette di sera perché andasse in onda il videoclip.

L'emozione che provai nel vedermi in televisione fu impressionante. Era lo stesso schermo che avevo guardato tutta la vita e continuo a guardare, con il logo di Disney Channel: le orecchie di Topolino!

I miei mi abbracciarono stracommossi e **io ero FELICE**. Fu straordinario.

Nel frattempo avevo cominciato le prove di *Violetta,* che durarono cinque mesi circa. Ma prima avevo avuto un incontro con quello che sarebbe stato il cast del programma. Ci convocarono negli uffici della Disney, dove c'è un miniteatro, e quel giorno conobbi i ragazzi che stavano per diventare i miei compagni. Ci fecero salire sul palcoscenico perché ci presentassimo

e io ero in preda all'ansia. Non sapevo cosa dire e come parlare! C'era gente della Disney e la mia famiglia che, come sempre, mi aveva accompagnato. Una volta che ci fummo presentati, mi diedero i copioni perché studiassi le scene che mi riguardavano quando fossero cominciate le registrazioni. Non mi scorderò mai quel giorno. Che tensione!!!

Nel giro di una settimana ebbero inizio le prove e allora sì che le cose si fecero INTENSE.

Avevamo tutto il giorno lezioni di ballo, canto e recitazione. Di buono ci fu che quei momenti servirono a conoscerci e capirci tra di noi poco a poco per provare bene le scene e le coreografie.

Le lezioni che più mi preoccupavano erano quelle di recitazione. Sì, che ci crediate o no, io che a casa e a scuola avevo sempre recitato adesso morivo di vergogna, soprattutto quando mi chiedevano di improvvisare.

Avevo quattordici anni compiuti da poco e tutti gli altri ne avevano dai diciotto in su. Certe volte pensavo che non sarei riuscita a integrarmi, perché la differenza di età si notava troppo.

Ma un po' alla volta guadagnai più confidenza con i miei compagni e soprattutto più sicurezza in me stessa.

La vita (sempre) ti sorprende

Da bambina ascoltavo sempre le canzoni dei film della Disney. Poco tempo fa ho avuto modo di cantare per *Rapunzel* e incidere *Libre soy* per *Frozen – Il regno di ghiaccio.* È stato davvero INCREDIBILE. Il brano fa parte dei titoli di coda del film in tutti i Paesi dell'America Latina in cui si parla spagnolo, in Spagna e in Italia. Grandioso!

Ci credereste che oltretutto *Libre soy*, che ho inciso per l'America Latina e l'Europa, è la versione in spagnolo della canzone originale inglese *Let it go*, che negli Stati Uniti è interpretata da Demi Lovato? E pensare che ho fatto il casting con una sua canzone e adesso abbiamo inciso lo stesso brano!

Lo vedete che la vita ti sorprende di continuo? E poi *Let it go*, la versione in inglese, e il film hanno vinto persino un Oscar. Devo dire che aver fatto parte di qualcosa di così importante mi fa sentire orgogliosa.

@martinponczyk

Si gira

Dopo qualche mese arrivò il momento più atteso: **la prima registrazione**. Due giorni prima avevo cominciato a leggere le scene con il mio papà, ripassandole quasi otto volte ciascuna! Lui mi consigliava di essere il più naturale possibile.

Quando arrivai allo studio, quello che vidi furono le telecamere, tantissimi cavi e un sacco di gente che andava avanti e indietro per la strada: il primo ciak era in esterni.

Jorge Nisco, il regista, si avvicinò e iniziò a spiegarmi la scena, che era con Mirta Wons, l'attrice che interpreta il personaggio di Olga. Ci disse dove dovevamo camminare e dove fermarci, una lunga serie di indicazioni. Tutti e due mi hanno aiutato molto. Mi hanno consigliato di stare tranquilla, perché era una scena molto semplice. Risultato? Finché non dissero **AZIONE e STOP** ero nervosissima, ma ce la feci. In quel momento sentii che volevo proprio essere lì. Il mio sogno cominciava a diventare realtà.

Ma non crediate che sia stato tutto facile. Avevo anche molti dubbi e timori che al pubblico non piacesse il mio lavoro o che il programma andasse male. Per un po' fui ansiosa e impaurita. E poi dietro le telecamere vedevo tante cose che non capivo... Ma un po' alla volta ho superato le preoccupazioni, mi sono abituata, e il mondo delle riprese e della tv ormai fa parte della mia vita.

Inoltre, quanto più passava il tempo, tanto meglio andava il programma, non solo qui, ma anche in altri Paesi. Fu un successo tale che adesso siamo alla terza stagione!

Ecco come diventai Violetta, il personaggio che avrebbe cambiato per sempre la mia vita. I miei sentimenti si rivoluzionarono e **avevo sempre VOGLIA di riuscire.**

Avevo già visto quattro puntate di *Violetta*, ma quando andò in onda la produzione affittò una sala e andammo a vedere il programma io, la mia famiglia, i ragazzi del cast, lo staff, tutti insieme. Ne abbiamo visto poco: piangevamo tutto il tempo. All'inizio mi vergognavo un po' a guardarmi, ma adesso, se mi annoio, guardo *Violetta*!

@martinponczyk

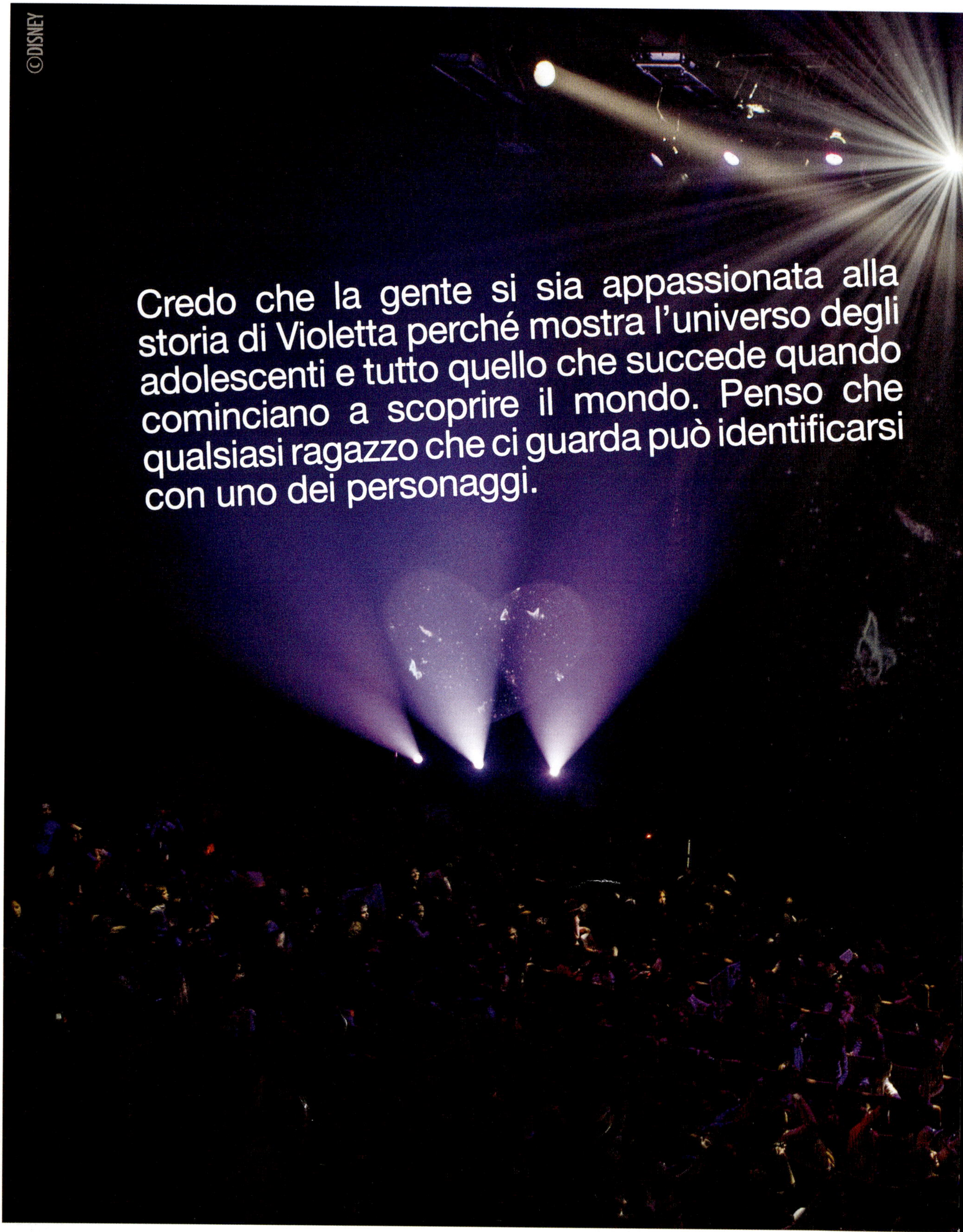

©DISNEY

Credo che la gente si sia appassionata alla storia di Violetta perché mostra l'universo degli adolescenti e tutto quello che succede quando cominciano a scoprire il mondo. Penso che qualsiasi ragazzo che ci guarda può identificarsi con uno dei personaggi.

@martinponczyk

TINI

CAPITOLO 5

Nel mio mondo ♡

Lo studio in cui registriamo il programma è molto grande e si divide in due settori: il primo è la casa della famiglia di Violetta, con un salone enorme, dove ci sono un pianoforte e una scala che porta alle stanze del piano di sopra. Il secondo settore è quello dove si trovano le aree di danza, musica e registrazione: lo Studio 21, dove studiano i ragazzi della serie.

Durante la prima stagione di *Violetta*, facevamo le riprese senza vedere le puntate, un po' alla cieca, e non sapevamo quale fosse la risposta del pubblico, né come stessimo recitando. Io avevo appena cominciato e non avevo esperienza, per cui era stranissimo.

Nella seconda stagione, avendo già visto la prima, potevo aggiungere più cose mie al personaggio e gli prestai molta della mia personalità, le mie battute, il mio modo di esprimermi. **Imparo molto rivedendomi.** E aspettate la terza stagione!

Le registrazioni sono un po' faticose e a volte non riesce tutto bene alla prima. Io adoro ballare, già lo sapete, ma può essere difficile quando sei stanca e devi imparare tutta una nuova routine. Per fortuna abbiamo una grande squadra di ballerini che ci aiutano e, se un passo non mi viene, loro restano con me finché non ci riesco. Si impegnano tantissimo!

Interpretare Violetta mi ha aiutato a sentirmi sicura sulla scena. Adesso so come muovermi, che cosa dire perché il pubblico reagisca. Posso continuare a cantare anche se sorge qualche problema di audio.

Inoltre il programma mi ha offerto **l'incredibile occasione** di incidere canzoni per i film della Disney.

Certe volte mi chiedo quanto durerà tutto questo, anche se non mi piace pensare troppo al futuro. Preferisco vivere il presente. Quello che so è che non dimenticherò mai Violetta. Grazie a questo personaggio ho cominciato a far diventare il mio sogno una realtà.

Durante la prima stagione finivamo di registrare e fuori dallo studio nessuno ci riconosceva. Oggi usciamo e tutti i giorni ci aspettano qualcosa come ottanta ragazzine, con regali e cartelloni che dicono che ci vogliono bene. È bello!

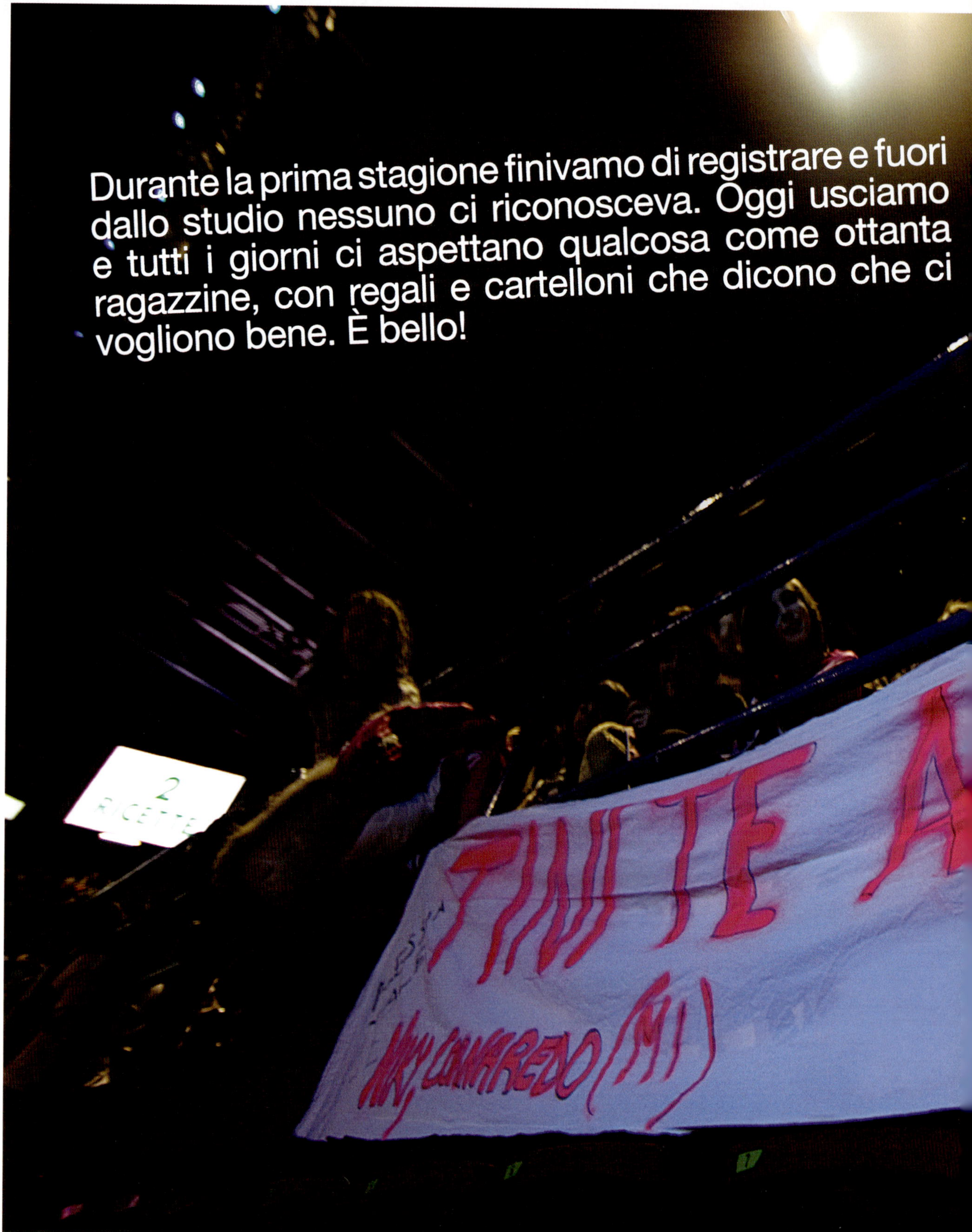

6
A
B
10
EMMA
8

La piccola grande Tini

Tini X Martín Saban

Lavorare con gli adolescenti può essere meraviglioso oppure farti venire un gran mal di testa. Con Tini è un'esperienza piacevole. Arriva sul set di buon umore e con un'energia molto positiva, assolutamente deliziosa. Un giorno mi raccontò che era di umore pessimo e mi venne da ridere pensando che il suo cattivo umore era molto più gradevole del 'buon umore' di certi attori con cui ho lavorato.

Che *Violetta* vada così bene si deve, a mio avviso, a tutti gli elementi creativi che si sono sommati fin dal primo momento. Anche se né noi, né i registi, né i produttori sappiamo di preciso quale sia il segreto del suo successo.

In *Violetta* si sono unite ottime variabili: autori, musicisti, cast, coreografi, produttori e registi, con l'obiettivo di creare le condizioni perché si realizzasse un buon programma. L'ineguagliabile interpretazione di Tini è stata uno dei fattori determinanti per gettare le basi di quello che si è rivelato uno dei maggiori successi mondiali della tv per ragazzi.

Ricordo con grande tenerezza la presentazione del cast prima di cominciare le registrazioni, verso la fine del 2011. I ragazzi furono convocati in un miniteatro, davanti a un gruppetto di responsabili della Disney, ai registi e ai produttori. Uno a uno fecero un passo avanti, dicendo il proprio nome e quello del personaggio.

D'un tratto fu il turno di un'adolescente di quattordici anni compiuti da poco che con voce tremante e un gran sorriso disse: «Salve, io sono Martina...» Si interruppe per qualche secondo per pensare e completò: «E sono Violetta». La cosa interessante è che timidezza e fragilità scomparvero la prima volta che si mise a cantare sul palcoscenico dello studio.

Da quel momento non ha fatto che sorprendermi. E continua a farlo anche oggi. Dopo due stagioni e duecento presentazioni dal vivo, non smetto di scoprire l'immensità della piccola grande Tini. È un'Artista con la A maiuscola. Spero che conservi sempre la sua semplicità. Con la sua grande capacità artistica e la sua trasparenza, che è una delle sue maggiori virtù, avrà di sicuro una vita completa e felice.

L'avventura di cantare

Avevo appena finito due spettacoli al Gran Rex e quando salii in macchina, stanca, i miei mi dissero con molta calma (come sempre): «Tini, ci hanno chiamato dalla Disney, perché ti hanno proposto di cantare la canzone del loro nuovo film. Non hanno ancora deciso se la farai tu. Prima devi imparare il brano che ti vogliono mandare, inciderlo e, se gli piace, ti fanno il contratto».

La notizia mi rese felicissima, ma ero sopraffatta dal lavoro. Facevo due spettacoli al giorno (ottanta in un mese e mezzo) e nel contempo registravamo la serie e facevamo programmi in base al successo di *Violetta* a teatro. Ero stanca, ma proprio stanca.

Allora dissi ai miei che cosa mi stava succedendo e loro (come sempre) furono comprensivi e mi dissero che, se non me la sentivo, non dovevo farlo. Però mi spiegarono una cosa che non sapevo: questa per me era una grande occasione, perché la canzone *Libre soy* sarebbe stata diffusa con il mio nome, **Martina Stoessel.**

Sarebbe stata la prima volta che usciva qualcosa che non aveva niente a che vedere con *Violetta* e probabilmente la canzone sarebbe stata promossa in tutta l'Europa e l'America Latina. E poi, al di là di tutto, voleva dire cantare, cioè quello che più mi piace e mi diverte fare a questo mondo. Per cui, a forza di pensarci e ripensarci, capii che era una possibilità che non potevo perdere. Se avessi detto di no, me ne sarei pentita.

Alla fine mi fecero fare il provino e in capo a una settimana ci chiamarono per dirci che volevano che la cantassi anche in italiano. Sì, *All'alba sorgerò*, **la versione per l'Italia!!!** Le due versioni della canzone (e la mia voce!) avrebbero girato per tutta l'America Latina e gran parte dell'Europa.

Mi preparai, cominciai a studiare e ad ascoltare la canzone, più e più volte, finché non arrivò il giorno. Lo studio era bellissimo, grande, pieno di cose tecnologiche di cui non capisco niente! Registrai con Raúl Aldana, la persona che si occupa di registrare le canzoni per le pellicole della Disney. **Un maestro** che ha inciso con Phil Collins *You'll be in my heart* per *Tarzan* e tante altre canzoni! Nonostante avesse lavorato con grandi star internazionali, Raúl si è rivelato molto umile e mi ha aiutato tantissimo nell'interpretare la canzone. Come di consueto, mi accompagnavano anche Pancho Cia, il produttore musicale di *Violetta*, e tutta la mia famiglia. Pancho mi aiutò nella parte vocale e realizzammo l'incisione.

Un altro giorno sono andata a registrare *All'alba sorgerò*: era stata organizzata una teleconferenza con la Disney Italia. Mentre mi ascoltavano, da laggiù mi correggevano le parole, in modo che la canzone venisse bene. E così fu.

Oggi sono **molto felice di averlo fatto.** È stata un'esperienza sfiancante, sul momento, ma il tempo è passato e mi sono rimaste solo le cose belle. E, come per ricordarlo meglio, mi sono resa conto che *Frozen* è stato uno dei film della Disney più visti in tutto il mondo. Pazzesco!!! Sono davvero contenta di aver preso parte a qualcosa di così bello e importante. Sono molto grata a chi me l'ha proposto.

Portare allegria

A nove anni ho cominciato a visitare con la mamma una casa che ospita bambini senza famiglia o con famiglie problematiche. Cercavamo di far passare loro un momento di allegria, cantando, giocando o portandoli a spasso. Mi ricordo anche che preparavamo le coreografie di *Il mondo di Patty*. Di recente ci sono tornata e al mio arrivo ho visto che stavano guardando *Violetta*, ma avevano anche l'album e il cd. Mi conoscevano già quando non ero famosa. È stato superemozionante.

Per tutte voi

Scrivo questo libro per le ragazze che mi seguono e grazie a loro. Niente mi riempie il cuore più delle dimostrazioni di affetto del pubblico. È grazie a loro che amo la mia carriera ogni giorno di più.

Le soddisfazioni che mi danno sono innumerevoli. Non avrei mai pensato di vivere una cosa del genere. Ascoltarle mentre canticchiano le mie canzoni, vedere la mia faccia sulla copertina dei loro diari, trovarle ad aspettarmi all'uscita del teatro o degli studi televisivi per darmi un regalino ed emozionarsi per un autografo, tornare nella mia stanza piena di peluche che mi hanno donato loro sono cose commoventi e preziose. Non immaginate quanto!

Oltre alle mie fedeli fan argentine e latinoamericane, nel mio ultimo tour in Europa ho avuto la grande sorpresa di scoprire che anche là c'erano molte ragazze che mi volevano conoscere. È stato divino.

Pensate che le prime due stagioni di *Violetta* sono state doppiate in tredici lingue e trasmesse con record di ascolti in trenta Paesi fra America Latina, Europa e Medio Oriente. Pazzesco!!!

In Francia, per esempio, la serie è un grande successo. Tanto che i media parlano del fenomeno come di una 'rivoluzione culturale'. I ragazzi vogliono imparare lo spagnolo per capire i testi delle canzoni.

All'uscita dagli show mi aspettavano fan che gridavano frasi in spagnolo; io andavo a chiedere come facessero a conoscerlo così bene e loro mi spiegavano che avevano saputo dei miei concerti con cinque mesi di anticipo e da allora si erano messi a studiare spagnolo per poter parlare con me. Un'emozione incredibile.

La stessa cosa è successa in Italia. Andare in scena per interpretare *En mi mundo* e non sentire la mia voce perché c'erano quindicimila persone che la cantavano in coro, anche a migliaia di chilometri da casa, è un'esperienza che non si può spiegare a parole.

@martinponczyk

L'altro giorno ero in macchina con papà e dal finestrino ho visto tre bambine con la canottiera di *Violetta*. Ho detto a papà: «Guarda!» Ci siamo fermati, ho abbassato il finestrino e ho detto: «Ciao!» Le bambine non credevano ai loro occhi!!! Si sono emozionate e hanno cominciato a gridare il mio nome.

Una fan molto speciale

Tempo fa sono andata a trovare Leila, una fan che per due anni non aveva festeggiato il suo compleanno perché era malata. I suoi genitori mi hanno raccontato che Leila ha cominciato a sentirsi meglio e a mangiare grazie al fatto che vedeva *Violetta*. Così abbiamo festeggiato insieme il suo compleanno. Ancora adesso **mi emoziono** ripensando alla sua faccia quando mi ha vista e alla gioia dei suoi per avere condiviso quel bel momento con lei.

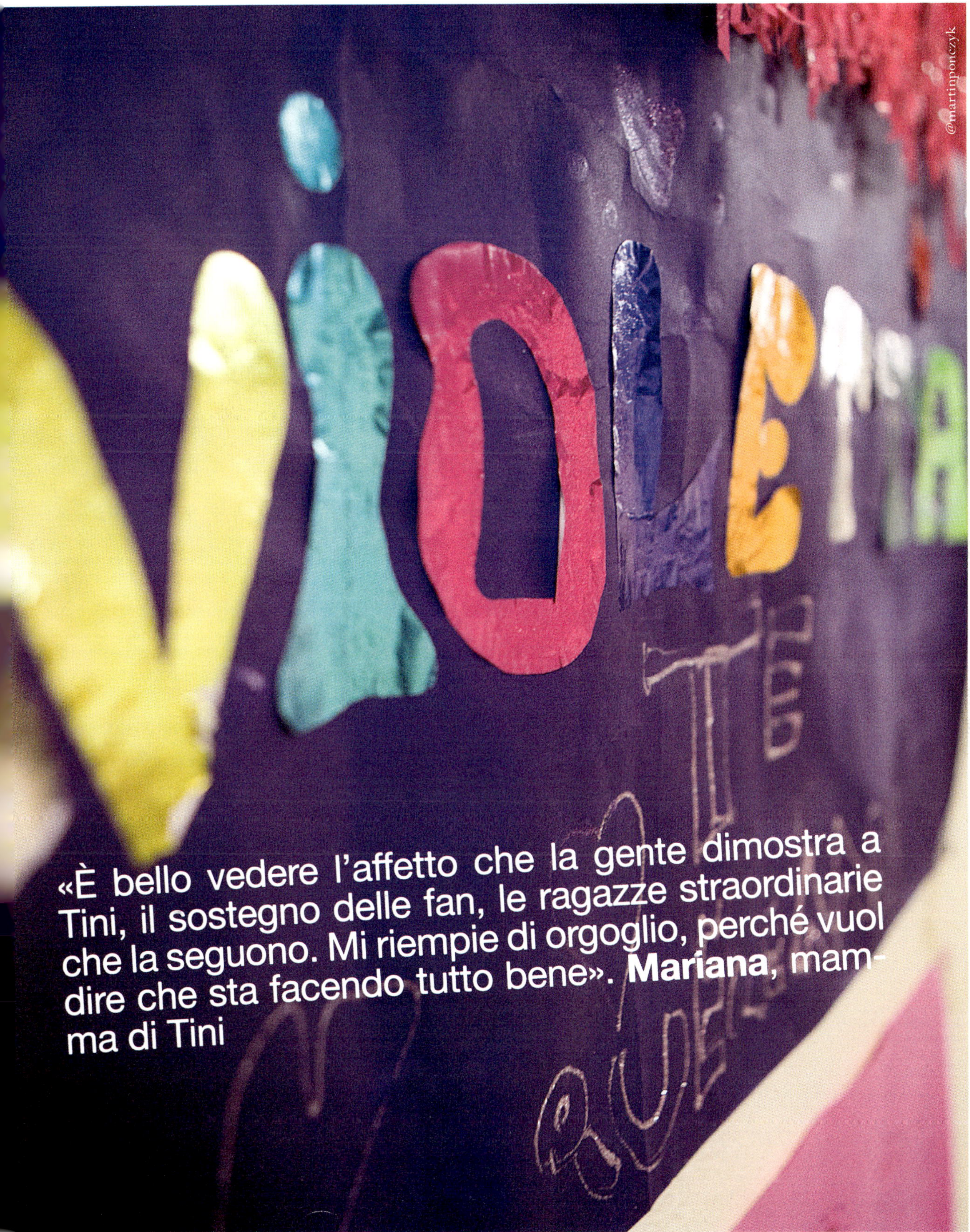

@martinponczyk

«È bello vedere l'affetto che la gente dimostra a Tini, il sostegno delle fan, le ragazze straordinarie che la seguono. Mi riempie di orgoglio, perché vuol dire che sta facendo tutto bene». **Mariana**, mamma di Tini

I numeri di Violetta

di Disney Channel

- *Violetta* è la prima telenovela 'teen' di coproduzione originale tra Disney Channel Latinamérica e Disney Channel EMEA. Il programma televisivo è di proprietà Disney e prodotto da Pol-ka.

- Con un **cast proveniente da Argentina, Messico, Brasile, Spagna e Italia**, *Violetta* è trasmesso sui Disney Channel in America Latina, Spagna, Italia, Francia, Israele, Russia, Europa centrale e orientale (Romania, Bulgaria, Ucraina, Polonia e Turchia), Inghilterra, Sudafrica e Australia.

- Finora **la serie è stata doppiata in 15 lingue**: inglese, italiano, francese, russo, svedese, danese, norvegese, polacco, rumeno, ungherese, ceco, turco, ebraico, olandese e portoghese.

- *Violetta* è stato girato interamente in HD e comprende 80 episodi da 45 minuti ciascuno per stagione.

- Filmata e prodotta in Argentina, la prima stagione ha richiesto 8 mesi di riprese. La seconda contiene anche scene girate in Spagna.

- *Violetta* è andata in onda in America Latina dal 14 maggio 2012 e in Brasile dal 10 settembre 2012. La seconda stagione è cominciata in America Latina il 29 aprile 2013 e il 19 agosto 2013 in Brasile. La nuova stagione è prevista per il 2014 sui Disney Channel di tutta l'America Latina e l'Europa.

- Il programma **è stato visto da 43 milioni di persone in America Latina e 22 milioni in Europa**, tra l'aprile e il giugno 2013.

- *Violetta*, il primo cd della colonna sonora della serie, ha venduto più di 310.000 copie in tutta l'America Latina.

- *Cantar es lo que soy*, il secondo album, ha totalizzato oltre 300.000 copie vendute in America Latina.
- E il terzo, *Hoy somos más*, lanciato in America Latina nel giugno 2013, ha venduto più di 311.000 copie in tutto il continente. Nel gennaio 2014 l'album è stato insignito del Disco di Diamante in Argentina, per avere superato le 200.000 copie vendute.
- In Spagna *Violetta* e *Cantar es lo que soy* sono diventati rispettivamente Disco di Doppio Platino e Platino. *Hoy somos más* è rimasto primo in classifica in Italia per tre settimane.
- *Violetta* offre contenuti originali attraverso il suo sito ufficiale all'interno di Disneylatino.com e Disney.com.br (in portoghese), che hanno raggiunto oltre 16 milioni di visitatori unici e quasi 80 milioni di visualizzazioni alla data del 28 febbraio 2014.
- La serie ha raccolto 5,7 milioni di fan su Facebook.
- Su YouTube, i video hanno superato i 600 milioni di visualizzazioni in America Latina e Brasile.
- Violetta en Vivo è uno spettacolo musicale che ha debuttato nel luglio 2013 a Buenos Aires, in Argentina. Lo show ha fatto un tour nazionale e internazionale che ha toccato Paraguay, Cile, Brasile, Uruguay, Perù, Messico, Guatemala e Venezuela in America Latina; e Spagna, Italia e Francia in Europa. In totale, dal luglio 2013, lo spettacolo è stato visto da più di 980.000 persone.

Il raduno Tinista

Forse già sapete che da qualche tempo sto girando un documentario per raccontare e mostrare quello che mi succede. Riprendiamo gli spettacoli, i momenti divertenti del tour, le prove e le mie ultime presentazioni allo stadio Luna Park. Ma questo progetto non sarebbe completo senza la vostra presenza, mie seguaci.

Così, mentre sto completando la mia autobiografia, si sta organizzando la Juntada Tinista che è prevista il 2 maggio al Monumento de los Españoles, a Buenos Aires. Per quel momento, spero, le fan in Argentina avranno già in mano questo libro. Che emozione! Voglio che vengano tutte, così compariranno nel film.

Mio fratello Fran, che fa il dj, ha il compito di mettere la musica; e con quindicimila violette si formerà un cuore come simbolo della mia unione con le ragazze che mi seguono. Ma si sta finendo di preparare anche uno striscione di trecento metri su cui scriveremo tutti qualche frase che contribuisca a far prendere coscienza del rispetto che si deve avere per il pianeta.

Imagine è una canzone che mi ispira molto, con un messaggio per un mondo migliore. Per questo voglio cantarla alla Juntada Tinista. John Lennon l'ha immaginato, noi cerchiamo di renderlo possibile.

E poi la cosa migliore è che potrò condividere un momento unico con molte di voi! Non vedo l'ora che arrivi quel giorno...

Un incontro piacevole

Tini X
Papà Alejandro

Quando vedo Tini in scena, mi emoziona così tanto che a volte mi fa piangere. Per questo comprendo l'entusiasmo delle ragazze che vanno a vederla. Qualsiasi persona sensibile si commuove per l'allegria di un bambino, ed è incredibile che il motivo di questa allegria sia tua figlia.

Tini dedica molto tempo alle sue fan. L'idea della Juntada Tinista è stata sua, perché voleva incontrare le ragazze, per poterle ringraziare di tutto l'affetto che le danno.

Tiniste al potere

Voi lo sapete: sono una fan dei social network! Mi piacciono perché posso starvi vicina, raccontarvi le novità, leggere tutto quello che mi scrivete, condividere esperienze e, in qualche modo, possiamo conoscerci un po' di più.

Io leggo TUTTO. Mi tengo sempre un momento ogni giorno per controllare Twitter, dove – sembra incredibile – mi segue già quasi un milione di persone. Posto fotografie, scrivo tweet o faccio un retweet di commenti divertenti di qualche tinista. Cerco anche di tenermi aggiornata su ogni pagina Facebook aperta dai fan. Sono tantissime e tutte molto belle e rispettose.

Ogni volta che finisco uno spettacolo, carico qualche foto su Instagram e mando un avviso su Twitter, ringraziando chi ha partecipato e commentando per chi non c'era.

Mi sembra bello mantenere informate le mie follower. Per questo, oltre a postare foto, anticipo quando comincio le riprese, quali sono i miei progetti futuri, come procede il documentario.

In precedenza ho avuto un account su Facebook, ma l'ho chiuso perché lì era impossibile rispondere a tutte. Ma con i 140 caratteri è molto meglio. È bellissimo poter comunicare in modo così rapido con tante persone che vogliono avere mie notizie. E poi adoro leggere i commenti che fanno a certe mie foto, le opinioni sui miei recital e soprattutto i suggerimenti costruttivi.

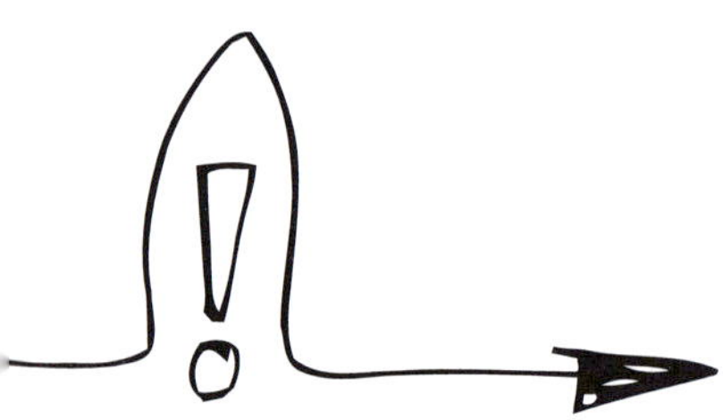

È ottimo anche perché, se dimentico di annunciare qualcosa, ci pensano le mie follower. E non solo quelle in Argentina. L'altro giorno

mi sono accorta che secondo diversi portali europei Violetta è una delle dieci serie più viste del 2013, insieme a quelle più famose a livello mondiale, come *Breaking Bad, The Walking Dead, Il trono di spade* e *House of Cards*. Che flash!!!

A parte le questioni professionali, approfitto di Twitter per lasciare messaggi positivi. Alcuni adulti dicono che le loro figlie mi prendono come modello. Questo mi fa piacere, ma è anche una grande responsabilità per una ragazza di diciassette anni. Ogni tanto lascio qualche frase di incoraggiamento, per esempio su come affronto le mie giornate, sperando che le ragazze lo facciano proprio. Uno di questi: non smettete mai di sorridere.

I miei tweet

TiniStoessel @TiniStoessel • 8 mar
BARCELLONA ARRIVOOO ✌🏼👀😋🙈🎉✈️✈️

TiniStoessel @TiniStoessel • 6 mar
GRAZIE per questi tre anni di pura adrenalina, felicità e dedizione. GRAZIE per avermi fatto realizzare un sogno, GRAZIE.

TiniStoessel @TiniStoessel • 6 mar
Lasciate che la vostra famiglia o coloro che amate si occupino di voi, perché è la cosa più importante :)

TiniStoessel @TiniStoessel • 6 mar
Sapere che quello che facciamo vi diverte è ciò che più mi rende felice e l'unica cosa che conta.

TiniStoessel @TiniStoessel • 6 mar
Cercare di trasmettervi fiducia in voi stessi e nei vostri sogni. ❤️❤️❤️

TiniStoessel @TiniStoessel • 6 mar
E cercare di farvi sentire lì sopra con me.

TiniStoessel @TiniStoessel • 6 mar
Ma tutte le volte che andavo in scena e vedevo le vostre facce emozionate e felici non potevo fare altro che emozionarmi con voi.

TiniStoessel @TiniStoessel • 6 mar
Sono stati 200 spettacoli, giorni di fatica, felicità, ansia, emozione, un sacco di sensazioni.

TiniStoessel @TiniStoessel • 6 mar
Voglio condividere un sentimento con voi...

TiniStoessel @TiniStoessel • 5 mar
#SimplementeTini ci sto lavorando.

TiniStoessel @TiniStoessel • 6 mar
Mano nella mano con Violetta, sono felice di aver potuto dar vita a questo personaggio così incredibile.

TiniStoessel @TiniStoessel • 2 mar
Quanti striscioni a ogni spettacolo!!!!!! ❤️ Li leggo tutti e vi ringrazio per il tempo che dedicate a prepararli! ❤️

TiniStoessel @TiniStoessel • 12 mar
Vorrei dirvi che cerco sempre di fare tutto col cuore. E questa è la cosa più importante.

TiniStoessel @TiniStoessel • 14 feb
A voi! Che mi seguite in tutto e mi date tanto AMORE senza chiedere niente in cambio! Vi auguro la festa dell'amore più felice di tutte. Vi ❤️

TiniStoessel @TiniStoessel • 3 gen
Che incredibile benvenuto ci ha dato oggi Milano!!! Mi avete fatto emozionare molto! GRAZIE VI AMO!!! 💜 💝 😜

ALL U
TNI

CAPITOLO 6

Grande allegria e qualche cambiamento

Violetta **si è trasformato in un grande successo.** Ho cominciato a vedere la mia faccia su magliette, zainetti, dolci, quaderni... Tutto era nuovo. Meraviglioso. Però al principio **è stato faticoso abituarmi**. È stata dura. Ero esposta allo sguardo di persone che non mi conoscevano e cominciai a vivere qualcosa di insolito: molti **parlavano di me dicendo qualsiasi cosa**. Era una situazione difficile e ci sono momenti in cui lo è ancora adesso.

Alcuni non mi conoscevano proprio e dicevano che me la tiravo, che mi ero montata la testa. Sono solo una persona normale, che ha cominciato a vivere un bel sogno e ha avuto la fortuna che quei primi passi si trasformassero in un programma di successo. **Nient'altro!**

Ero felice e non volevo perdere questa occasione, ma desideravo anche continuare con le mie cose e non rinunciare alle mie amiche, quelle che mi accompagnano da quando ho tre anni. Tuttavia qualcosa è cambiato. Per esempio ho dovuto scegliere tra uscire con le amiche nel fine-settimana e parlare quasi gridando per tutta la serata perché la musica era altissima, oppure **preoccuparmi delle mie corde vocali**. Ho scelto di salvaguardare la mia voce, per poter dare il meglio in ogni canzone. Anche se, a essere sincera, ho sentito il bisogno di uscire qualche sera a divertirmi con le amiche.

So che sono cresciuta molto in pochissimo tempo, a livello tanto professionale quanto personale, perché ho molte responsabilità: il lavoro, i copioni da imparare, viaggiare e continuare gli studi.

A volte mi sento più grande della mia età, ma sono convinta che capiti a tutte noi adolescenti. La mamma mi dice senza problemi: «Ricordatelo, hai solo diciassette anni».

Più vicini

Tini X Mamma Mariana

Tini ha qualcosa di indescrivibile, che ha a che fare con la sua energia travolgente. È una polveriera, ma è molto sensibile. È buona, una bella persona. Per questo noi come famiglia siamo sempre in guardia, per proteggerla lungo questo cammino emozionante ma difficile che si è scelta. Com'è ovvio, varie cose nella nostra vita sono cambiate da quando lei è diventata famosa. Abbiamo perso certi momenti di intimità, la possibilità di mangiare tranquilli in un ristorante. Alcune situazioni private sono diventate pubbliche. Ma la maggior parte dei cambiamenti è stata positiva. Come famiglia siamo più uniti che mai. Più vicini.

Ho scelto di essere felice

D'un tratto hanno cominciato a capitarmi cose che non avrei mai immaginato. Andavo a cena con la mia famiglia e mi trovavo circondata da macchine fotografiche. Pensavo: 'Sto cenando, non sto facendo cose dell'altro mondo'. In quei momenti **era dura adattarsi e a volte non uscivo**, perché mi chiedevo che cosa avrebbero potuto dire di me, che cosa avrebbero pensato. Oggi ho imparato ad avere fiducia in me per quella che sono, con virtù e difetti. C'è chi crede che essere famosi comporti automaticamente una vita perfetta, ma nella realtà ci sono un sacco di cose che mi rendono felice e altre invece no. Sto imparando a **percorrere una nuova strada, come attrice e cantante.**

I consigli migliori arrivano dalla mia famiglia. Prima del successo, i miei mi hanno spiegato: «Qualsiasi cosa accada, *Violetta* sarà solo un momento della tua carriera. Per questo è importante tenere i propri affetti intatti e vicini, e sapere che la vita non è prendere decisioni pensando a guadagnare o perdere, bensì a essere felici». **Io e la mia famiglia abbiamo scelto la felicità.**

@martinponczyk

Momenti belli e momenti brutti

Tini X Papà Alejandro

Martina è una ragazza di grande intelligenza emotiva. È sempre pronta ad ascoltare i consigli che le offro e a trasformarli in strumenti che la spingono a pensare con la sua testa. È bello parlare con lei, perché ha uno sguardo equilibrato e sensibile. È uno scambio in cui sento di imparare a essere padre.

Nel nostro rapporto, il limite tra questioni lavorative e personali si stabilisce nel capire che la parte professionale è quella che le permette di svilupparsi e crescere in un'attività artistica che spesso le darà grandi soddisfazioni, ma qualche volta anche dispiaceri. La parte personale è la costruzione solida dei suoi affetti, che la dovranno sempre accompagnare, nei momenti belli come in quelli brutti.

KEEP
CALM
AND
CARR
ON

Scegliere di chi fidarsi

In questa nuova realtà mi sono resa conto di un sacco di cose e ho capito che dovevo *imparare a scegliere di chi fidarmi*, perché si è da soli a decidere il percorso che si vuole fare nella vita.

All'improvviso *ho avuto molta paura di restare senza amiche*, ma in realtà è successo proprio il contrario: le mie amiche sono riuscite a capirmi e a stare al mio fianco, e ogni volta che ho un momento libero per vederle, loro sono subito disponibili. E hanno tutta la mia gratitudine.

Quando ho cominciato le registrazioni e sono entrata nell'ambiente dello spettacolo, ero ancora una bambina. Ho avuto e ho tuttora la fortuna che intorno a me ci siano persone che mi vogliono bene e mi guidano, e di avere conosciuto moltissime persone che mi hanno dato aiuto e insegnamenti sulla mia professione. Ma a volte ho commesso qualche errore.
Ho appreso anche da quelli: mi sono fidata di gente che poi si è rivelata diversa da come mi aspettavo. Mi sono accorta che quelli che stanno sempre con me sono la mia famiglia e le ragazze del San Marcos, che mi sostengono quando ne ho bisogno.

Cerco di avere una vita normale, uscire a mangiare o andare al cinema come tutti quanti. L'unica differenza è che, dato che sono conosciuta, molti mi si avvicinano per salutarmi, chiedermi un autografo o farsi una foto con me. L'affetto della gente mi fa sentire molto bene.

Molte cose sono cambiate nella mia vita e ho vissuto esperienze che non dimenticherò mai. Ma ho ancora molta strada da fare e *mi piacerebbe continuare a crescere artisticamente*, continuare a dare il meglio di me stessa.

Quando sono entrata nell'ambiente dello spettacolo ero ancora una bambina.

I Martín Fierro

Io e la mia famiglia cerchiamo sempre di mantenere il profilo più basso possibile. Quando devo parlare del mio lavoro con la stampa, lo faccio perché amo la mia professione. Tuttavia succede sempre qualcosa, come alla consegna dei premi Martín Fierro, quando ho vinto quelli come Rivelazione e Miglior Programma Infantile. Mi hanno criticato per il vestito che avevo scelto, un modello che avevo disegnato io ed era stato realizzato da Benito Fernández, uno stilista che adoro.

Le critiche mi angosciarono. Se ci ripenso oggi, mi do della stupida. Invece di essere contenta, piangendo dall'emozione per aver vinto un premio così importante a quindici anni, mi preoccupavo per quello che gli altri vedevano o pensavano di me.

Il giorno dopo la consegna dovevo fare due spettacoli ed ecco che lì mi aspettavano i giornalisti, ma non per parlare dei premi o degli show, solo **per le polemiche sul mio vestito.** La verità è che l'ho presa male. Allora mio papà mi fece sedere in camerino e mi chiese: «A te piace il vestito che ti sei messa? Ti ci sentivi a tuo agio? Bene, è questo che importa. Non ti sei vestita per gli altri, ma per sentirti bene tu». In quel momento fu come un *clic*. **Da allora ho deciso che faccio le cose per me, senza pensare a quello che dirà la gente.** Devo essere sicura di me stessa, perché chi mi vuole bene lo fa per come sono. Può essere duro, ma allo stesso tempo ti fa crescere. E, in definitiva, la vita è questo.

«A me la scelta del vestito per i Martín Fierro è parsa un po' delirante. Ma lei mi sembrava sicura e felice e, anche se dico sempre cosa penso del suo look, quella volta l'ho lasciata fare». **Mariana**, mamma di Tini

Tini X Fran

Dalla sua parte

Sono molto orgoglioso di mia sorella e di quello che fa. Vederla così contenta e a suo agio mi rende felice. Ma non c'è dubbio che l'arrivo di *Violetta* abbia cambiato certe cose del mondo in cui ci muoviamo... e non sempre per il meglio. Perciò ho imparato a prendermi cura di Tini e a darle il mio appoggio quando ne ha bisogno, dato che non è facile fare una vita come la sua a diciassette anni.

A livello personale, mi ha dato un po' fastidio che molta gente cominciasse ad avvicinarsi a lei per convenienza, come succede sempre in questi casi. Ma io sono andato avanti e ho scelto di dedicarle tutto il tempo che avevo a disposizione, per essere sempre dalla sua parte. Lo stesso hanno fatto i nostri genitori, trascurando altre faccende per non farle mai sentire la mancanza del loro affetto, la cosa più importante in queste situazioni.

Cerco di curare la sua immagine e le ricordo sempre di tenere i piedi per terra e non cambiare la sua personalità per interpretare Violetta, perché secondo me il suo modo di essere è il suo bene più prezioso.

«Ho imparato a prendermi cura di Tini e a darle il mio appoggio quando ne ha bisogno, dato che non è facile fare una vita come la sua a diciassette anni». **Fran**, fratello di Tini

Martina e Violetta: uguali e diverse

È difficile separare il personaggio da me,

anche se devo riconoscere che ciò che più unisce Violetta e Martina è **l'amore per l'arte**. Tutt'e due sogniamo di trionfare in ciò che ci piace e abbiamo persone che ci sostengono. Nel caso di Violetta, suo padre non vuole che si dedichi all'arte (come è successo anche a me, in qualche momento), nonostante tenga molto a lei, al pari dei miei genitori. Inoltre entrambe stiamo **cominciando a crescere**, da adolescenti che scoprono la vera amicizia e persino l'amore.

Ma poi siamo diverse, perché lei è più silenziosa e non si difende da tutte le cattiverie cui la sottopone il personaggio di Ludmilla (Mercedes Lambre), bugiarda, manipolatrice e invidiosa.

L'assurdo è che Mercedes, Mechi nella vita reale, è una persona solare. Le voglio molto bene. Mi aiuta davvero tanto e se ama qualcuno è

pronta a dare tutto quello che ha. Mi trovo bene con tutti i miei compagni, ma lei la considero **un'amica**. Visto? In questo caso fantasia e realtà non coincidono.

Un'altra differenza è nel look. **Io sono più rock**, mi piacciono i jeans, i tacchi, gli anfibi, mentre lo stile del personaggio è più romantico.

Amo Violetta con tutto il cuore, perché grazie a lei un mondo nuovo mi si è aperto davanti agli occhi. Lei è il ponte che mi mette in comunicazione con tutta la bella gente che mi regala il suo amore in cambio di una canzone o un sorriso. Ogni volta che mi trasformo in Violetta per la televisione o per uno spettacolo, ricordo che i sogni si possono realizzare.

Ma quando mi tolgo il trucco, sono semplicemente una ragazza come tante altre, a cui è toccato di vivere qualcosa di eccezionale e grandioso, **che soffre e ride** per le stesse cose di cui soffrono e ridono le altre sue coetanee. Molti mi ricorderanno solo per avere interpretato Violetta e sarà sempre un onore, ma io sono Martina e mi farebbe piacere che mi conosceste per come sono, **semplicemente Tini.**

Una maga dell'arte

Tini x Mechi

Quando la conobbi, Tini aveva quattordici anni. Entrai negli uffici della Disney ed eccola lì, una ragazzina timidissima accompagnata dalla mamma, Mariana. 'Perché lei?' mi chiesi. Ero curiosissima di sapere che cosa avesse da dare quella bambina che sembrava così tranquilla. Volevo vederla in azione.

Il primo giorno a lezione di canto parlava un po' di più e mi sembrò simpatica.

Ma in realtà la conobbi davvero quando si mise a cantare. Da quella creaturina usciva una voce molto più grande di tutti noi messi insieme. Scrivo queste righe e mi viene la pelle d'oca. Era così autentica, così sincera, così sensibile e così giovane da farmi sentire una specie di responsabilità nei suoi confronti, che poi ha generato l'amicizia.

La prima cosa che ho pensato è stata: 'A questa ragazza, qui dentro, non deve succedere niente di male'. E mi sono detta: 'Sai com'è questo mondo, Mechi, e stai vedendo una luce che potrebbe rischiare di essere spenta'.

Allora mi sono avvicinata come ho potuto (ho idea che le facessi un po' paura per il mio aspetto serioso) e quando ci hanno messe insieme in camerino ho pensato: 'BENE, qui sarà tranquilla'.

L'ho conosciuta poco a poco. Tini era un diamante grezzo, una macchina che fabbricava sorprese e che irradiava talento. Nemmeno lei sapeva di essere così. Credo che ora ne sia più cosciente.

Tini è in grado di fare tutto quello che si propone, perché ha una capacità di apprendimento fuori dal comune. Come compagna di lavoro è il massimo. Sono contenta quando registriamo insieme, perché mi diverto e imparo qualcosa anch'io. Come professionista è esigente, attenta, grata, audace. Ha ben chiaro ciò che vuole e come lo vuole. È quello stesso diamante che giorno dopo giorno si è raffinato e oggi fa sì che tutti, meritatamente, la amino. Sembra più grande, ma quando la trovi addormentata in qualche angolo del set ti viene da pensare: 'È una bambina!'

Ciò che ammiro di più è la sua forza. Tini trasforma ogni problema in una sfida e ha la capacità di appianare con efficacia certe questioni che per altre persone sarebbero uno shock assicurato. Senza pregiudizi, senza storie, si mette a fare quello che sente e ne tira fuori una magia. Martina è una maga dell'arte con un cuore enorme dal quale tutti dobbiamo imparare.

@martinponczyk

ALL U
TNI

CAPITOLO 7

Pazza per la moda

AMO i vestiti e ho una notizia da darvi:

l'anno prossimo nasce il **mio marchio**, che si chiamerà Tini! Saranno abiti concepiti secondo il mio stile molto personale e per ragazze come voi. Mi toglierò lo sfizio di disegnare e creare quello che voglio.

Quando ero più piccola mi compravo tutto ciò che era di moda. Se si usavano le canottiere larghe, andavo a comprarmene cinque. Volevo provare tutto quello che aveva la mamma e lo indossavo per travestirmi.Non avevo un look ben definito. Con le mie amiche ci vestivamo tutte allo stesso modo. Ora non succede più, abbiamo più personalità e si vede. Ognuna si mette ciò che le piace e le sta meglio.

Sono affascinata dalle scarpe. Ne ho tantissime e con zeppe molto alte. RICKY SARKANY È UN GENIO. I suoi disegni

sono eccezionali. E, come ho già detto, **mi piace truccarmi.** Le mie amiche lo sanno e ormai è una tradizione che, quando devono uscire, passino da casa mia per farsi truccare da me.

Fino a poco tempo fa era una fatica decidere cosa indossare. Adesso non più: mi infilo un paio di jeans, una canotta ed esco. Per fortuna non ho nessuno che gestisca la mia immagine. Mi metto quel che voglio.

Nel programma indosso i vestiti che scelgono le costumiste, non posso intervenire. Il mio desiderio è che, quando inciderò e produrrò un disco mio e lo andrò a presentare, io possa usare vestiti disegnati da me.

Qualcosa di simile l'ho fatto per le date del tour: ho chiesto a Verónica de la Canal – stilista INCREDIBILE – se **poteva mettere delle frange** a qualcuno dei costumi e lei mi ha detto di sì, che le sembrava una grande idea.

Volevo un vestito **simile a uno che ho visto a Beyoncé,** una delle artiste che più ammiro. Lo abbiamo fatto. È quello che mi è piaciuto di più e mi sono sentita felice di avere partecipato alla creazione, anche se solo con l'idea.

Il look di Martina

Tini X Verónica de la Canal

Ho avuto la fortuna di fare diversi vestiti per Martina, non solo tutti i costumi per i suoi spettacoli, ma anche quelli per vari eventi e serate, come quelle dell'UNICEF, della RAI e molte copertine di riviste. Quando disegno per lei, penso a un abbigliamento originale, sexy e romantico al tempo stesso. Non cambierei niente del suo stile, ha **molta personalità**.

Se dovessi definire il suo look, direi che è divertente, audace, personale, con un tocco di rock e talvolta di romantico.

«Quando disegno per lei, penso a un abbigliamento originale, sexy e romantico al tempo stesso». **Verónica de la Canal**

Modella per un giorno

Benito Fernández – sì, lo stilista del vestito per la consegna dei Martín Fierro e varie altre occasioni – mi invitò alla sua sfilata inaugurale della BAFWeek 2014 (Buenos Aires Fashion Week), ed è stato meraviglioso.

Tanto per cambiare, ero molto nervosa prima di uscire sulla passerella. Benito mi diceva: «Come fai a essere nervosa adesso se sei capace di cantare ed esibirti di fronte a diecimila persone?»

E sì, io non sono mai rilassata prima di andare in scena. Ma una volta che ci sono NON MI FERMA NESSUNO.

E così uscii sulla passerella, divertita, ballando e sorridendo. Non so se l'ho fatto bene, come una vera modella, perché è chiaro che non lo sono, mi manca qualche centimetro di altezza!

Il mondo della moda è stranissimo. Io sono molto femminile, mi piace stare bene quando esco. Truccarmi, pettinarmi e vestirmi sono come un hobby.

Vado matta anche per i profumi. Ne ho più di trenta, anche se l'essenza che mi definisce è Poison, di Dior. È quello che porto sempre in borsetta. Invece in casa abbigliamento zero: mi piace stare in pigiama e ciabatte!

Rock e femminile

Tini X Benito Fernández

Disegnare vestiti per Martina vuol dire entrare in un mondo di freschezza, allegria e disinvoltura. Quando lavoro con lei, cerco di interpretare la sua personalità. Mi diverte mettermi nella sua testa e giocare con la sua energia. Ha un look giovane, sempre con una punta di rock. Potrei definirlo **rock-pop, molto allegro e soprattutto femminile.**

Ho avuto la fortuna di fare diversi vestiti per lei. I più importanti sono stati quelli per i Premi Gardel 2013; quello del video del film *Frozen*; uno per la chiusura del BAMM 2013 (Belleza Arte Moda Música); uno per l'apertura del BAF Moda 2014 e per la copertina di *Teens Colecciones 2014*.

Anche se uno dei più ricordati è stato quello per la consegna dei premi Martín Fierro 2013. Al di là delle critiche che ha ricevuto al momento, eravamo sicuri di quello che volevamo e di quale direzione intendevamo prendere, per cui i commenti esterni non hanno influito sulle nostre decisioni.

È stata una grande novità per tutti, per noi, per chi ha capito e per chi non ha capito. **Innovare e uscire dai parametri genera sempre conseguenze.** Oggi è passato un anno e moltissime ragazze vengono a chiedere proprio quel vestito. Sia io sia Tini, guardandolo a distanza, siamo molto contenti del look scelto per quel giorno.

«Ha un look giovane, sempre con una punta di rock. Potrei definirlo rock-pop, molto allegro e soprattutto femminile». **Benito Fernández**

I miei preferiti

Il mio stile: rock e, a volte, romantica.

I miei colori: il rosa è il preferito, ma quando devo vestirmi non scelgo un colore in particolare. Uso di tutto un po': nero, bianco, dipende dal giorno e dallo stato d'animo.

Per uscire la mattina: mi metto quello che mi ispira al momento!

Per andare a mangiare con le amiche: qualcosa di molto semplice, un paio di leggings con una canottierina e scarpe con zeppe molto alte.

Per una cena in famiglia: lo stesso... quello che mi ispira e che ho voglia di mettermi quel giorno.

Per un appuntamento: mi piace essere in ordine, mi trucco un po' e metto il profumo.

Per un evento: penso qualche giorno prima a che cosa voglio indossare e poi cerco qualche accessorio che mi piaccia. Sempre con le mie zeppe e un'aria un po' rock, anche se posso avere un look romantico.

Per una festa top fashion: in questi casi sono quasi sempre con molte amiche e prima di uscire scegliamo tutte insieme, ci prestiamo i vestiti e ci divertiamo a indossarli.

Gli stilisti che mi piacciono: Benito Fernández, Ricky Sarkany, Verónica de la Canal e mi piacciono anche i vestiti di Marimba.

Non posso vivere senza... il mio profumo Poison, di Dior! A volte succede che arrivo da qualche parte e mi riconoscono da quello. Dicono: «Ecco Tini».

Le scarpe: senza dubbio una delle cose che mi piacciono di più; mi sembrano molto importanti al momento di vestirmi. Uso tutto quello che fa Ricky Sarkany, specialmente le scarpe con le zeppe.

Borsette: mi piacciono molto! Le porto sempre.

Accessori: uso berretti, sciarpe, foulard per ogni occasione; gli orecchini di perle, che ho sempre indosso.

Al momento di truccarmi: mi piace molto passare l'eye-liner sulla parte superiore dell'occhio, in modo delicato; mettermi molto mascara sulle ciglia e il rossetto.

La mia routine di bellezza: mi strucco prima di andare a dormire. Sempre.

Liscia o riccia? Quando ho un evento, mi piacciono molto i capelli ondulati; e in una giornata normale non me li tocco, li lascio come sono quando mi alzo dal letto.

Immancabili in borsetta: il cellulare, gli auricolari e un po' di trucchi.

Collezione: profumi.

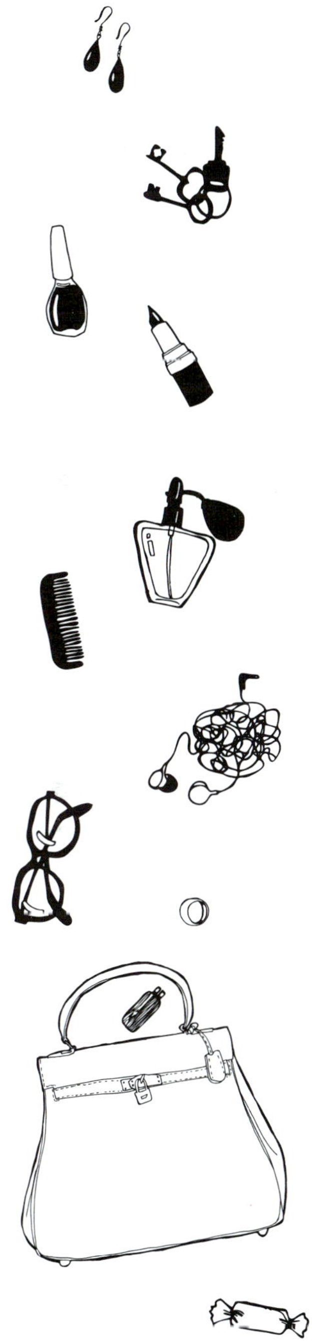

Non ho un segreto di bellezza. Mi sembra che ognuna si debba sentire comoda e sicura di se stessa ed essere com'è sempre.

Dizionario della moda

Tini

Gonna o pantaloni? *Pantaloni.*

Tinta unita o disegni? *Tinta unita e disegni.*

Fiori o righe? *Righe.*

Dorato o argentato? *Dorato.*

Vita alta o bassa? *Vita alta e bassa.*

Cuoio o velluto? *Cuoio.*

Giubbotto o blazer? Dipende dall'occasione, ma *uso l'uno e l'altro.*

Stivali o anfibi? *Anfibi.*

Tacco alto o zeppe? *Zeppe.*

Canotta o camicetta? Tutt'e due, ma soprattutto *canotte.*

Minishort o jeans? *Jeans.*

Fibbie o borchie? *Borchie.*

Orecchini o anelli? Ho sempre indosso le mie *perline bianche*! *Gli anelli* li metto ogni tanto.

Collana o catenina? *Collana.*

Cappello o berretto? *Berretto.*

Sciarpa o foulard? *Sciarpa e foulard.*

ALL U
TNI

CAPITOLO 8

Tour magico

Io e la mia famiglia cerchiamo sempre di viaggiare insieme, ma se il papà e Fran non possono accompagnarci partiamo io e la mamma e ci divertiamo sempre. Andiamo in giro, scopriamo cose, facciamo acquisti. La storia della nostra vita è viaggiare con bagagli pesantissimi, quattro valigie a testa, piene di migliaia di cose che poi non ci servono.

Sotto questo punto di vista sono molto disorganizzata. Le uniche cose che non mi possono mancare in viaggio sono il mio telefono, il mio profumo, i trucchi e gli auricolari.

Quando si viaggia con i ragazzi del cast, facciamo un po' di tutto: nel tempo libero ci piace metterci a cantare e improvvisare. Adoro suonare la chitarra con Pancho, il produttore musicale di *Violetta* e un amico personale cui sono molto affezionata. Poi, se si riesce, con la mia famiglia esploriamo le città o usciamo a mangiare con gli altri del cast. Invece, se sono stanca, ceno in albergo o in camera mia con Mechi.

La maggior parte delle volte esco poco dall'hotel, perché finisce sempre che vado a letto tardi e invece ho bisogno di dormire. Però la mamma insiste che io esca e fa benissimo, perché non so quante altre occasioni mi capiteranno di girare per il mondo e schiarirmi un po' le idee.

Nel tour in Europa del 2013 eravamo io, mio fratello, il papà, la mamma e mio zio e ci siamo molto divertiti. Stavolta non dovevo tenere conferenze stampa o tante attività promozionali, perché i biglietti erano esauriti con cinque mesi di anticipo, così ne abbiamo approfittato per andare a spasso un po' di più.

A Roma sono stata in Vaticano, dove ho avuto l'occasione di incontrare Papa Francesco, un'esperienza unica nella mia vita.

Per tutto il tempo facevamo e disfacevamo valigie ed è chiaro che ogni cosa mi sembrava strana, come a chiunque sia lontano da casa. Ma ho sempre presente che sto realizzando il mio sogno e sono davvero felice di riuscirci.

Conoscere Papa Francesco è stato fantastico. Mi ha stretto le mani, mi ha guardato negli occhi e mi ha detto: «Prega per me». Ha una tale energia!

Sono tuo fan

Al principio del tour, mentre ci stavamo sedendo sull'aereo che ci avrebbe portati a Madrid, all'improvviso mio papà, terribilmente emozionato, mi ha detto: «Due file davanti a noi c'è Rafael Nadal». Mio padre è un fanatico del tennista spagnolo.

Contentissimo, mi ha chiesto di avvicinarmi per fare una foto insieme, però io morivo di vergogna e non volevo disturbarlo, pensando che potesse essere stanco. Così, anche se mio padre insisteva, non è riuscito a convincermi ad alzarmi dal mio posto.

Quando siamo scesi dall'aereo, mi si è avvicinato un signore alto e biondo, che si è presentato come Carlos Costa, manager sportivo di Rafa Nadal. Gentilissimo, ci ha raccontato che le sue figlie erano fanatiche di *Violetta* e ci ha chiesto se poteva scattare una foto. Ovviamente abbiamo detto di sì.

Allora papà ne ha approfittato per dirgli della sua ammirazione per Rafa e... cos'ha combinato? Gli ha chiesto se potevamo fare una foto insieme. Avrei voluto ammazzarlo!

Passati i controlli, dopo qualche metro abbiamo incontrato Rafa Nadal. Ci siamo salutati e papà è riuscito ad avere la sua foto tanto desiderata. Ma il bello è venuto quando il tennista ha tirato fuori il cellulare e ha chiesto a un amico che gliene facesse una con me.

Quando ce ne stavamo andando, io e papà ci siamo guardati e lui mi ha detto: «Visto? Tante storie e alla fine di sicuro lui ha una nipote che ti conosce, per questo ha voluto una foto con te».

te
quiero

Volare sulle emozioni

Tini X Papà Alejandro

Il primo show europeo è stato a Barcellona, al Palau Sant Jordi, e come tutte le esibizioni era accompagnato dalla tensione e dall'ansia del debutto.

Tini, né più né meno degli altri artisti, non ne era immune. Il corridoio che la portava dal camerino al palcoscenico sembrava eterno e io non smettevo di pensare a cosa rappresentasse per lei andare in scena in un teatro con tanta storia, dove erano apparsi artisti di enorme importanza.

Lo spettacolo ebbe inizio e tutto procedeva in modo normale, a parte qualche piccolo dettaglio tipico di qualsiasi prima. Finché non arrivò il momento in cui Tini doveva cantare *Te creo* su un tappeto volante che doveva passare sopra la platea. Qualcosa non funzionò e non poté sorvolare le migliaia di ragazzi che aspettavano l'inizio del brano. Dovette cantarla ferma sul palcoscenico.

Tutti noi che conoscevamo lo show sapevamo che era successo qualcosa, ma Tini se ne venne fuori con un'energia traboccante di emozione, facendo fronte all'imprevisto. Era commovente vederla continuare a fare la sua parte nello spettacolo con tale forza e generando tante emozioni in chi la guardava. Non appena il recital finì, corsi a raggiungerla. Mi dissero che era in bagno.

Quando entrai la trovai che piangeva. L'unica cosa che potevo fare era abbracciarla e condividere le sue lacrime. Dopo un lungo momento ci separammo e le dissi: «Che strano piangere insieme per motivi diversi. Tu piangi perché non hai potuto volare sulla platea e io perché oggi ho visto mia figlia, al suo debutto in Europa, superare un imprevisto sul palcoscenico e riuscire a far sì che il pubblico si commuovesse per la sua esibizione».

Senza dubbio per me è stato uno dei momenti più emozionanti di tutto il tour, perché quella sera in scena Tini è riuscita a far volare le sue emozioni e a condividerle con tutti noi.

@martinponczyk

In giro per il mondo

Mi affascina conoscere culture diverse, andare in un Paese o una città in cui si parla un'altra lingua e vedere come i ragazzi cantano e cercano di parlarci in spagnolo. Mi fa sentire orgogliosa.

Tutta l'Europa mi è parsa incredibile e ne ho attraversata buona parte con i miei compagni di scena. Abbiamo visitato anche un bel po' di America Latina, è stato molto bello.

In entrambi i continenti ho scoperto con sorpresa quanto siano entusiasti i fan. Restavano fuori dall'albergo ore e ore in attesa che uscissimo o tornassimo dagli spettacoli. Per tutto il tempo cantavano le canzoni e li sentivo dalla mia stanza. Qualunque fosse il Paese in cui mi trovavo, le conoscevano per intero. Pazzesco!

In Spagna i fan erano più calmi che in Italia e in America Latina, ma dimostravano comunque molto entusiasmo.

Parigi è una città che mi è piaciuta molto e che cerco di conoscere sempre di più ogni volta che ci vado; la gente è davvero cortese. E quello che mi è successo a Londra è stato impressionante: ho cantato un brano di *Violetta* in inglese, poi *Libre soy*, un po' in spagnolo e un po' in inglese, e infine *Nel mio mondo* in inglese. E le ragazze le conoscevano tutte e hanno cantato con me *Libre soy* in spagnolo. Poi mi hanno riempito di biglietti e regali, perché la settimana successiva era il mio compleanno.

Andare a Londra a cantare è stata una delle esperienze più belle della mia vita. È stato davvero straordinario. In quell'occasione mi hanno dato anche una targa, perché *Violetta* aveva venduto oltre due milioni di dischi. Mi fa molto piacere tutto ciò che succede con *Violetta*.

A terra!

Mentre eravamo in uno dei tanti aeroporti per cui siamo passati, ci è successa una cosa molto divertente. Stavamo andando da un terminal all'altro su uno di quei nastri trasportatori e la mamma portava due valigie, una per ogni mano. Dietro di lei c'eravamo io e Fran, distratti. Quando siamo arrivati in fondo al nastro, la mamma ha cercato di mettersi a camminare, come fanno tutti, ma faceva fatica a muoversi con i bagagli, il nastro non si fermava e alla fine è caduta in avanti in modo buffo. **Non riuscivamo a smettere di ridere.**

Così non ci siamo accorti che il nastro non si fermava neanche per noi e ci portava dritti verso di lei!

Ovviamente siamo inciampati nella mamma, che rideva pure lei, ancora stesa a terra insieme alle valigie. Siamo caduti anche noi. Ma non è finita qui, perché com'è logico c'erano altri passeggeri dietro di noi e tutti sono caduti uno dopo l'altro, **come un domino umano!** Per fortuna non si è fatto male nessuno. Quando ci ripensiamo, ridiamo fino alle lacrime.

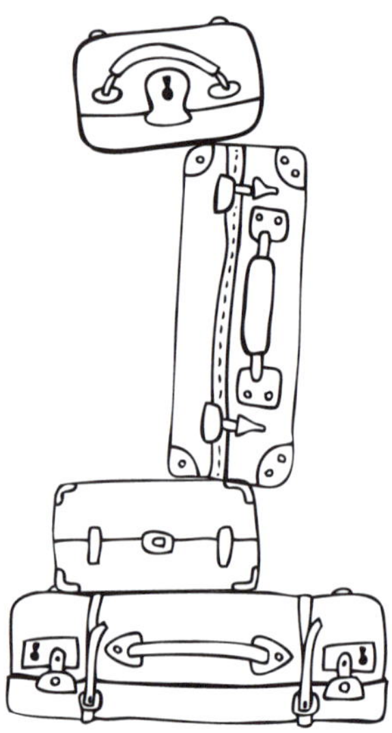

La visita di Messi

A Barcellona ho ricevuto una visita molto speciale in albergo. Una bambina, Morena, con suo zio. La cosa pazzesca è che lo zio era Messi! Non ci potevo credere! Mi ha fatto i complimenti, mi ha raccontato quanto la nipote è affezionata a me e mi ha regalato la maglietta del Barça. Mi è sembrato una persona meravigliosa, incredibile. Trasmette pace e umiltà.

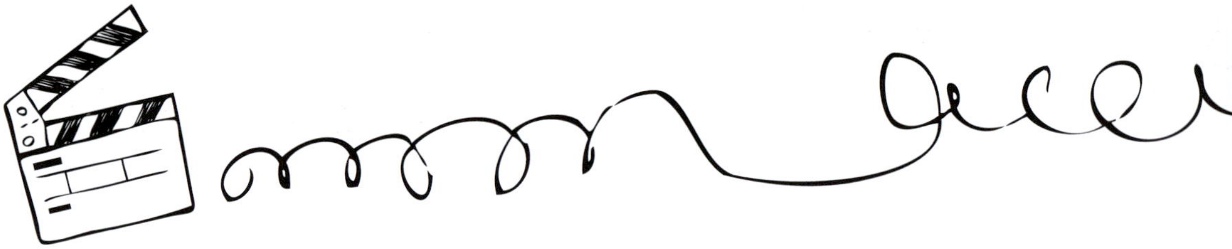

Casting a Los Angeles

L'anno scorso sono andata negli Stati Uniti, agli studi della Disney a Los Angeles, perché i produttori che avevano scelto Miley Cyrus e Selena Gomez volevano conoscermi. Ovvio che erano al corrente del successo di *Violetta* in America Latina e in Europa e gli sembrava incredibile.

Mentre andavo agli uffici insieme a papà, ripassavo il testo in inglese con Tali, una produttrice. Quando siamo arrivati all'edificio della Disney, ho alzato lo sguardo e mi è sembrato che non finisse mai. Era enorme! Siamo entrati e ci hanno portato al nono piano, in una sala riunioni con un tavolo gigantesco, con quindici sedie da un lato e una sola dall'altro. Non c'era dubbio che la sedia solitaria era destinata a me. Cominciavo a provare una certa tensione, ma avevo molta voglia di affrontare quel casting e questo mi diede la forza di sedermi.

Mi hanno fatto una prova in inglese, per la quale avevo studiato sei pagine di una scena di *Good Luck Charlie* (una serie per famiglie della Disney) e poi ho cantato. Erano molto soddisfatti e mi hanno fatto i complimenti.

Poi è arrivata una torta enorme e si sono messi a cantare 'Tanti auguri a te...' perché quel giorno compivo sedici anni.

Non so, può darsi che prima o poi mi facciano una proposta per andare negli Stati Uniti. Magari!

Può darsi che prima o poi mi facciano una proposta per andare negli Stati Uniti. Magari!

Durante il mio ultimo tour sono stata a Disneyland Paris e ho pensato: 'Da non credere! La mia infanzia è stata Disney e ora faccio parte dell'infanzia dei ragazzi che guardano Disney'.

MISSION
2

Da sola

25 dicembre. Mi metto a pensare a tutto ciò che ho vissuto e non riesco a elaborarlo. Tanti spettacoli, tanti Paesi, tanta ma tanta gente che gridava il mio nome e cantava e ballava quello che cantavamo noi. Tante fan emozionate nel vedermi. Davvero, l'affetto di tante persone è una cosa che non ha prezzo.

Quando passa tutto e mi ritrovo qui, distesa sul letto, come in questo momento, a guardare il soffitto, mi rendo conto di ciò che davvero ho vissuto, o almeno ci provo.

Esperienze così incredibili come conoscere il Papa, incontrare bambini che hanno problemi, cancro o altre malattie, e avere la possibilità di passare un po' di tempo con loro e solo con questo farli felici... Tanti stadi, tanta gente che ho conosciuto e quanto sono cresciuta in così poco tempo... è tutto così incredibile.

Sento che finalmente il sogno della mia vita si è realizzato.

ALL U
TINI

CAPITOLO 9

Guardare l'orizzonte

Quando registro il programma mi sveglio alle sei del mattino. Sì, è un grande sforzo! Alle otto cominciamo a girare agli Estudios Baires di Don Torcuato. Andiamo avanti fino alle quattordici, perché sono minorenne e non posso lavorare più di sei ore al giorno.

Due volte alla settimana ho le lezioni private della scuola che seguo a distanza. Studio con una professoressa e faccio i compiti via Internet. Tra un po' dovrò dare gli esami.

Qualche tempo fa ho cominciato a studiare chitarra, continuo con il canto una volta alla settimana, e anche con il ballo. Sto iniziando a comporre le mie canzoni e imparo a suonare la chitarra con Pancho Cia. Un po' per volta mi sto perfezionando in quello che più mi piace: la musica.

Per il programma facciamo sempre le prove delle coreografie delle clip in cui abbiamo scene musicali con ballo. Inoltre, prima di cominciare una stagione, di solito incidiamo le canzoni per il disco, che preparo con Panchito e Lorena, la mia insegnante di canto. Ho finito di inciderli tutti qualche giorno fa.

Poi devo studiare i copioni: in generale li ripasso il giorno prima, da sola nella mia stanza.

Tini x Fran

Instancabile e ammirevole

Quando penso alla sua carriera, mi sembra che per avere solo diciassette anni Tini sia IMPECCABILE. Può avere la febbre a quaranta e va in scena lo stesso, con il sorriso sulle labbra. Non si stanca mai di provare e incidere canzoni. Ama molto quello che fa e questo l'aiuta. Ma tutto ciò non le impedisce di essere sempre a disposizione di chi ha bisogno di lei: è ammirevole. Se sei in un brutto momento, lei fa l'impossibile per farti cambiare umore e farti sentire meglio.

In camera mia

Se non devo registrare o fare spettacoli, mi dedico a una delle cose che più mi piacciono nella vita: DORMIRE! Tutte le volte che posso dormo fino a mooolto, mooolto tardi. La verità è che mi piacciono gli alberghi, ma preferisco stare nella mia camera. La amo, è il posto in cui mi sento più a mio agio. I miei la chiamano 'la grotta di Tini'!

Poi mi vedo con le amiche, organizziamo qualcosa o andiamo in un caffè vicino a casa per raccontarci le novità.

Mi piace molto anche fare shopping con la mamma o passare tempo con la mia famiglia, che è la cosa più importante.

Anche se mi piace andare a ballare, adesso è difficile. Per evitare problemi, nei fine-settimana, se non ho spettacoli, preferisco fare qualcosa per conto mio o andare a casa di qualche amica. Una delle cose che mi piacciono di più è mangiare insieme, da loro o da me. Non abbiamo bisogno di uscire per divertirci. Ordiniamo qualcosa di buono, ridiamo, cantiamo e vi assicuro che parliamo di tutto!!!

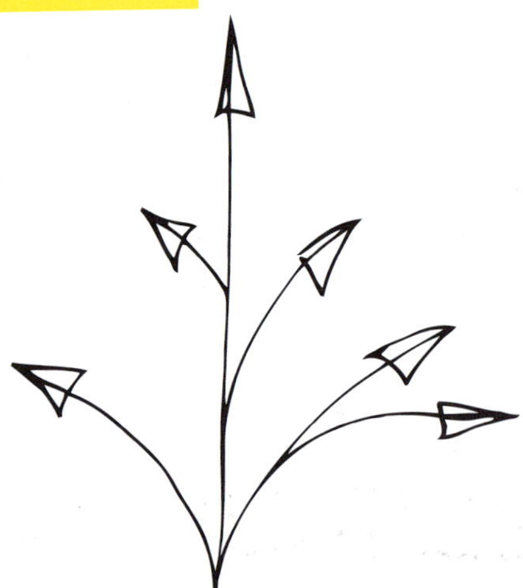

PRODUCTION
DIRECTOR
DATE
EP
LM
RRY

Innamorarsi

Ho sempre avuto la tendenza a innamorarmi, ma non faccio mai caso se è biondo o bruno o a come si veste. Non è quello che mi fa innamorare. Presto più attenzione alla *personalità* e, anche se la prima impressione è l'aspetto esteriore, a me importa di più che tipo di persona è. Oggi sono molto felice con colui che ho al mio fianco: *Peter.*

La musica, una passione

C'è una cosa che mi accompagna tutti i giorni della mia vita ed è la mia passione: la musica. Ecco la cosa che mi calma in qualsiasi situazione e che mi diverte fare: ascoltare musica in camera mia, a volume alto, senza pensare a niente. Se sono triste o nervosa, ascolto musica a volume alto e mi passa tutto.

Mi piace qualsiasi genere, ma **la cantante che preferisco è Beyoncé**.

Ogni volta che la vedo, tutto quello che fa mi sembra fantastico. Possiede tutto ciò che deve avere un'artista. In ogni canzone ti racconta una storia e ti trasmette tutto quello che ti vuole dire. Ha un talento speciale. Va sul palcoscenico e il suo modo di cantare e ballare è incredibile.

Ha prodotto un suo documentario (l'avrò visto cento volte!) ed è completissima in ogni cosa che fa. **Sono una grande osservatrice,** perché credo che sia un bene avere dei riferimenti e riuscire a imparare dagli altri. Per questo passo giorni a guardare i video di Beyoncé. Faccio lo stesso con **Céline Dion**: è un altro tipo di artista, ma nel suo campo è la migliore. Ho sempre ammirato entrambe.

Sei parole che mi definiscono: **iperattiva, affettuosa, disordinata, dolce, sincera, perfezionista**.

Intimità

Rido sempre, rido di qualsiasi cosa! Mi piace divertirmi, farmi raccontare barzellette e scherzare di continuo. Sono poche le cose che mi infastidiscono. Una è quando qualcuno mangia il chewing gum facendolo scoppiettare. Ah, questo sì che lo detesto! O quando qualcuno mangia il gelato facendo rumore. Mi capita anche con i lecca-lecca.

Le mie amiche a volte lo fanno apposta, perché si divertono quando mi arrabbio.

A parte ascoltare la musica, la cosa che mi diverte di più è uscire con le amiche o stare con la mia famiglia. E quella che mi piace meno è riordinare la mia stanza!

Parlando di cose più serie, non mi piace per niente litigare con i miei cari.

«Tini non è una ragazza paurosa, ma ha il TERRORE delle formiche. Le detesta. Ne vede una e si mette a gridare!» **Mariana**, mamma di Tini

Identikit

Un progetto: sogno di formare una famiglia.

Una virtù: sono semplicemente Tini.

Un sogno: poter comporre le mie canzoni e uscire con un disco da solista.

Un desiderio: avere salute, amici e una famiglia solida. Se non hai qualcuno con cui condividere quello che ti capita, non ha senso avere successo.

Abitudine peggiore: sono molto disordinata.

Un hobby: ascoltare musica.

Una frase: *All you need is love* ('Tutto quel che ti serve è amore').

Luogo delle vacanze: Cariló, con la mia famiglia e le amiche.

Colazione: caffellatte con pane tostato.

Bevanda: amo la Coca-Cola!!!

Cibo: cotoletta alla milanese con patate fritte e uovo fritto. E l'*asado* che fa papà.

Dessert: tiramisù (quello che fa mia mamma).

Golosità: gomma da masticare.

Un aroma: quello dei gelsomini.

Migliori amiche: Caro, Clara, Belu e Chloé, le mie amiche da quando ero piccola.

Cantanti preferiti: Michael Jackson e Beyoncé.

Canzone: *Listen* (Beyoncé).

Serie tv: *Il mondo di Patty.*

Attore: Leo DiCaprio.

Attrice: Anne Hathaway.

Film: *Titanic* e quelli della Disney: *Toy Story, Alla ricerca di Nemo, Genitori in trappola* e *High School Musical.* Li potrei vedere mille volte e già mi immagino di riguardarli con i miei figli.

Un consiglio per le ragazze che mi seguono:

non abbandonate i vostri sogni, non arrendetevi se qualcuno vi ostacola, andate avanti. FIDATEVI.

Guardare al futuro

Come ho detto prima, vivo il presente!

Mi godo il momento. Ma a volte devo pensare al futuro: chi non lo fa? E allora mi passano molte cose per la testa. La prima: continuare a essere felice con i miei amici e la mia famiglia e proseguire la **mia carriera professionale**.

Vorrei realizzare un disco da solista con le mie canzoni, per questo ora ho cominciato le lezioni di chitarra; e vorrei poter interpretare e ballare un brano scritto da me. Mi piace quando si cantano le parole sul palcoscenico e senti davvero la storia di una canzone. **ADORO FARLO.**

Ma niente mi preoccupa. Ogni cosa ha il suo momento. Non serve pensarci e ripensarci. Voglio continuare a sorprendermi.

A volte mi viene in mente che potrei cambiare casa, ma ancora **non mi vedo ad abitare da sola**. Ovvio che lo farò, prima o poi. Anche se... ve lo dico? NON SO CUCINARE NIENTE!!! Dovrò fare ricorso ai servizi a domicilio, o andare a casa dei miei.

Sto facendo lezioni di guida per prendere la patente e perché pensavo di comprarmi una macchina o chiedere alla mamma se mi presta la sua. Ma la mia famiglia mi ha colto di sorpresa (come sempre) e il 21 di marzo, il giorno del mio compleanno, mi aspettava **un'automobile come regalo**. Adesso sì che devo darmi da fare per prendere la patente.

All you need
is love

«Un augurio per Tini? Che continui a fare quello che la rende felice». **Fran**, fratello di Tini

Tini X Mamma Mariana

Una persona felice

Noi come famiglia siamo sempre pronti a dare sostegno a Tini nelle sue decisioni. Il suo obiettivo è in futuro incidere un disco da solista e comporre canzoni sue. Sarebbe meraviglioso, perché lei ama fare queste cose e io lotterò al suo fianco affinché possa realizzare anche questo sogno.

Ma a me non importa cosa fa, l'unica cosa che mi interessa è che sia una brava persona e, soprattutto, una persona FELICE.
Il mio più grande desiderio è che i miei figli siano persone felici e pienamente realizzate.

Tutto per amore

Quando penso all'amore, spero che sia per tutta la vita. Adoro vedere coppie di anziani che si vogliono molto bene. E, anche se mi rendo conto che costa un certo sforzo essere madre, mi piacerebbe avere tre figli e fantastico di vivere in campagna.

Vi ho raccontato che **adoro gli animali?** Ora ho due cani, ma sono arrivata ad averne sei! Ho anche avuto lucertole, pesci, gatti, un po' di tutto. Mi piacciono tanto le mascotte!

Sogno di stare sempre con una persona, invecchiarci insieme, vivere in campagna, avere figli, cani... Sono troppo romantica?

In ogni caso non credo che tutto quello che sogno o immagino debba realizzarsi SUBITO. Sono giovane e ho molto tempo davanti, non deve capitare tutto troppo velocemente.

Un'altra cosa che mi piacerebbe è **creare una scuola d'arte** per bambini con la sindrome di Down. Sono molto affettuosi con me a teatro... Sarebbe un bel modo di condividere tutto ciò che mi succede di buono e **restituire un po' dell'affetto che mi danno.**

Tini X Tini

I quattro consigli migliori di mio papà e mia mamma:

nella vita devi fare delle scelte, sempre pensando alla felicità e a seguire i tuoi sogni, perché è questo che ti renderà felice.

Abbi fiducia in te.

La cosa più importante sono la famiglia e la gente che è stata sempre al tuo fianco, perché il lavoro va e viene, ma la famiglia rimane sempre.

Non dimenticare mai chi sei e da dove vieni; ricorda sempre che sei semplicemente Tini.

Luoghi in cui voglio andare... Africa e New York.

Cose che voglio fare... Girare un film e comporre le mie canzoni.

Se potessi cambiare il mondo comincerei da... il rispetto per la Terra.

Mi piacerebbe avere il talento per... dipingere.

Mi piacerebbe continuare a fare... la cantante, anche se il cinema mi piace molto.

Il luogo dove sono più felice è... casa mia.

Sono convinta che... se uno lo sogna, sente, e lotta per ciò che vuole, le cose si realizzano.

Cantare e ballare è... un momento di liberazione in cui mi sento me stessa e non mi importa niente di nessuno.

Mi dispiace quando... litigo con qualcuno a cui voglio bene.

Quello che mi interessa di più è... tenermi vicina la mia famiglia, che mi accompagni.

L'ultima cosa che vorrei è... smettere di sognare.

WHAT
EVER

Infinitamente grazie

Siamo arrivati all'ultima pagina. Scrivere questo libro è stata un'esperienza nuova per me, piena di bei momenti. Insieme alla mia famiglia, ho ricordato la mia infanzia, aneddoti che ci hanno fatto tanto ridere; ho rivisto vecchie foto e mi sono emozionata pensando a quanto tutti siamo cresciuti.

Mia mamma, mio papà, mio fratello e le mie amiche mi sono stati vicini per tutto il tempo e sono entrati a far parte di questa avventura.

Li ringrazio infinitamente per tutto l'amore che hanno dimostrato con le loro parole e soprattutto perché mi sostengono nei progetti che intraprendo. Senza di loro sarebbe tutto più difficile.

Grazie ai compagni di lavoro e agli amici che hanno voluto regalarmi le loro testimonianze, e a tutti coloro che mi hanno aiutato, suggerendo idee, correggendo errori o rinfrescandomi la memoria perché *Semplicemente Tini* fosse il libro che sognavo.

E per ultimo, la cosa più importante: grazie alle ragazze che oggi finiscono di leggere questa autobiografia. Ho voluto raccontare la mia vita perché voi che mi guardate in tv, che venite a vedermi a teatro, che mi seguite su Twitter sappiate che sono una persona normale di diciassette anni con le stesse paure e le stesse gioie di tutte noi. Una persona qualsiasi che fa ciò che ama e cerca di essere felice. Se è vero che il destino e il mio enorme desiderio di riuscire mi hanno permesso di realizzare il mio sogno di essere un'artista, è vero anche che ho una famiglia e delle amiche, delusioni, rabbie e soddisfazioni. Non siamo poi tanto diverse, no?

Voglio ringraziarvi anche perché voi siete tra le persone che mi danno forza e coraggio per andare avanti, che mi fanno rialzare se cado. E perché questi due anni della mia breve vita sono stati i migliori. Mi rallegrate e mi ispirate molto. Mi emoziona che possiate arrivare a identificarvi con me.

Grazie per avermi permesso di entrare nelle vostre vite. E non solo come attrice e cantante. La mia intenzione è che mi conosciate come sono a casa, a scuola, con le mie amiche, sul lavoro. Grazie per avermi permesso di condividere con voi la mia storia. Da oggi siamo un po' più vicine.

Spero che mi seguirete per il resto della mia carriera. Darò il meglio di me stessa affinché possiate continuare a divertirvi con la mia musica e con quello che faccio.

Vi abbraccio tutte.
Non smettete mai di sorridere.

Tini

Indice

Capitolo 1	7
Capitolo 2	35
Capitolo 3	53
Capitolo 4	65
Capitolo 5	91
Capitolo 6	119
Capitolo 7	139
Capitolo 8	155
Capitolo 9	175

Tutto
quel che
ti serve
è amore.
WHAT

Finito di stampare
nel mese di ottobre 2014
per conto della Adriano Salani Editore s.u.r.l
da Grafica Veneta S.p.A. di Trebaseleghe (PD)

Questi sono alcuni
dei disegni di
copertina che mi
avete inviato dopo
la richiesta
che ho fatto su
Twitter.
Grazie!!!